全国高校就业创业特色教材课题研究成果

教育部学生服务与素质发展中心组织编写

U0742872

大学生创新创业教程

主　编　卿　熠　彭瑶瑶

副主编　张诗淇　罗健玮　周　谧　罗　贤

编　者　黄泓轲　刘　静　张微义　邵文霞　初丽媛

西安交通大学出版社

XI'AN JIAOTONG UNIVERSITY PRESS

图书在版编目(CIP)数据

大学生创新创业教程 /卿熠, 彭瑶瑶主编.— 西安：
西安交通大学出版社, 2022.7(2025.7重印)
ISBN 978 - 7 - 5693 - 2688 - 8

Ⅰ.①大… Ⅱ.①卿… ②彭… Ⅲ.①大学生—
创业—高等学校—教材 Ⅳ.①G647.38

中国版本图书馆 CIP 数据核字(2022)第 116720 号

书　　名	大学生创新创业教程
	DAXUESHENG CHUANGXIN CHUANGYE JIAOCHENG
主　　编	卿　熠　彭瑶瑶
责任编辑	牛瑞鑫
责任校对	李嫣彧
出版发行	西安交通大学出版社
	(西安市兴庆南路1号　邮政编码 710048)
网　　址	http://www.xjtupress.com
电　　话	(029)82668357　82667874(市场营销中心)
	(029)82668315(总编办)
传　　真	(029)82668280
印　　刷	陕西天意印务有限责任公司
开　　本	787 mm×1092 mm　1/16　印张　13.25　字数　280 千字
版次印次	2022 年 7 月第 1 版　2025 年 7 月第 3 次印刷
书　　号	ISBN 978 - 7 - 5693 - 2688 - 8
定　　价	48.00 元

如发现印装质量问题, 请与本社市场营销中心联系。
订购热线：(029)82665248　(029)82667874
投稿热线：(029)82668254　QQ：465094271
读者信箱：465094271@qq.com

版权所有　侵权必究

前　言

　　创新创业教育以培养具有首创精神、工匠精神的创新型高素质技术技能人才为目标，同时也推动着高等教育人才培养模式的深刻变革。敢闯的素质、会创的本领、家国的情怀，已成为一名合格大学生知识能力素质的必备内容。

　　创新创业基础课程作为高校创新创业教育体系的基石，肩负着国家要求的创新创业教育要"面向全体"的重要责任。创新创业基础课的重点并不在于培养出多少短时期内能自谋职业的生意人，而在于培养学生的创新精神、创业意识及创新创业能力。基于这样的时代背景和教育目标，本书作为一本基于实践的双创课堂通识教材，真正做到了"以学生为中心，以任务为驱动，以能力为核心，以成果为导向"。我们希望在此种下创新创业的种子，培养能够很好地适应时代的快速变化和未来国家创新发展需要的创新驱动型人才。

　　在编写过程中，编者有意识地选择贴近当代大学生认知的案例，如"互联网＋"、网络最新热点事件及大学生身边的典型学生创业经历，并通过问题探索，使学生乐于分析。本书每个模块后都设置有任务训练，能帮助学生在探索中学习。本书可作为高等院校创新创业基础课教材，也适合初创型创业者使用。

　　本书由卿熠、彭瑶瑶担任主编，负责课程结构设计、统编定稿等工作。全书各章节具体分工如下：第一章由卿熠、周谧编写；第二章由罗健玮编写；第三、四章由彭瑶瑶、罗健玮编写；第五、六章由张诗淇编写；第七、八章由周谧、罗贤编写。

　　本书在编写过程中，借鉴了国内外同行专家的书籍、文章及大量研究资料，参考使用了教育、财经、新闻、创业类网站及公众号的一些内容，整理了有典型代表的创新创业竞赛获奖项目的案例，在此我们对原创作者表示衷心的感谢。

　　由于编写时间比较仓促，加之编者水平有限，书中难免存在疏漏与不当之处，敬请各位读者批评指正。

卿熠

2022 年 6 月

目　录

第一章 创新创业与人生发展

学习目标

❖ 了解创新创业的内涵与时代意义。

❖ 认识创新创业与职业生涯发展的关系。

❖ 自觉培育和提升创新创业素质能力。

案例导入

立足岗位的技术革新能手

小海，2017年9月通过四川省单独招生考试进入乐山职业技术学院新能源工程系光伏发电技术与应用专业学习。在校期间，他为人踏实、待人友善、学习刻苦、成绩优良，时刻秉承着"责任、精细、至美、卓越"的阳光工匠精神。

小海同学于2019年12月结束专业理论学习后，由新能源工程系推荐到浙江某能源有限公司实习。实习期间，小海同学工作踏实、吃苦耐劳，认真钻研设备维修。2020年4月小海同学由该公司海宁基地设备工程部推荐到义乌基地设备工程部工作。工作期间，小海同学善于观察、思考，潜心钻研业务，于2020年7月按期转正。2020年8月，在公司溢胶改善项目攻坚中，小海同学提出将打胶机枪头改造成R角塔尖状，此后溢胶效果改善明显。产量的提升为公司带来更好的经济效益。小海因此获得公司专项嘉奖：记大功，予以5000元奖金，由技术员3级晋级为2级，同时获得公司2019—2020年度"晶点子奖"。

目前，小海同学在该公司组件生产车间担任班长，负责后道工序设备运行及维护。

问题探讨

你认为小海立足岗位的技术革新是一次创业吗？

▶ 第一节 激发创新意识

我们正处在创新驱动发展、创业焕发勃勃生机的时代。我国经济已经进入新常态，经济的增长动力已从要素驱动、投资驱动转向创新驱动。在党和政府的大力倡导下，"大众创业、万众创新"成为当今中国经济和社会发展的最强音。创新创业人才的培养作为创新驱动发展的基础和保障，具有十分重要的时代意义。

一、创新与创新思维

创新是指利用现有的知识和物质，在特定的环境中，本着理想化需要或为满足社会需求而改进或创造新的事物、方法、元素、路径、环境，并能获得一定有益效果的行为。

在当今世界，创新是一个高频词。创新被认为是人类才能的体现和社会发展的动力。英文中的创新（innovation）源于拉丁语，其原意有三层：一是指更新；二是指创造新的东西；三是表示改变。在 20 世纪初，美籍奥地利经济学家约瑟夫·阿洛斯·熊彼特（Joseph Alois Schumpeter）在 1912 年出版的德文版《经济发展》一书中，提出"创新"一词。熊彼特认为"创新"就是"建立一种新的生产函数"，也就是把一种从来没有过的关于生产要素和生产条件的新组合引入生产。这种函数组合包括生产新产品、开发新的生产方法、开拓新市场、开辟和利用原材料新的供应来源和实现工业新组织形式。

自 20 世纪 60 年代起，管理学家们开始将创新引入管理领域。彼得·德鲁克（Peter Drucker）在《在动荡年代的管理》一书中提出，创新的含义是有系统地抛弃昨天，有系统地寻求创新机会，在市场薄弱的地方寻找机会，在新知识萌芽时期寻找机会，在市场的需求和短缺中寻找机会。任何使现有资源的财富创造潜力发生改变的行为都可以称之为创新。后来，许多研究者对创新又进行了研究，形成了一些不同的定义，如创新是开发一种新事物的过程；创新是运用知识或相关信息创造和引进某种有用的新事物的过程；创新是对一个组织或相关环境的新变化的接受。由此可见，创新的概念包含的范围很广，可以说各种能提高资源配置效率的新活动都是创新。其中，既有涉及技术性变化的创新，如技术创新、产品创新、过程创新；也有涉及非技术性变化的创新，如制度创新、政策创新、组织创新、管理创新、市场创新、观念创新等。如今，创新已扩展到了社会的方方面面，比如，理论创新、经营创新、教育创新、学习方法创新等。

创新思维则是指以新颖独创的方法解决问题的思维过程。这种思维能突破常规思维的界限。具有这种思维的人能以超常规甚至反常规的方法、视角去思考问题，提出与众不同的解决方案，从而产生新颖的、独到的、有社会意义的思维成果。创新思维的本质在于将创新意识的感性愿望提升到理性的探索上，实现创新活动由感性认识到理性思考的飞跃。创新思维是一种具有开创意义的思维活动，即开拓人类认识新领域，开创人类认识新成果的思维活动。它往往表现为发明新技术，形成新观念，提出新方案和决策，创建新理论。广义上，创造性思维不仅是做出了完整的新发现和新发明的思维过程，而且是在思考的方法和技巧上，在某些局部的结论和见解上具有新奇独到之处的思维活动。思路决定出路，创新思维是创造力发挥的前提，也是一个人、一个单位、一个地区、一个国家竞争的法宝。现在的社会竞争比较激烈，参与竞争就要靠点子、靠思路、靠特色、靠创新。因此，创新思维对培养高素质人才非常重要。创新是开放性的，并不局限于发明全新的东西，旧的东西以新的形式出现或以新的方式结合也是创新。

案例

巧算灯泡体积

爱迪生年轻时，别人认为他缺乏科学知识，都不怎么看得起他。普林斯顿大学数学系毕业生阿普拉曾与爱迪生一起工作，他常在卖报出身的爱迪生面前炫耀自己的学问。为了让阿普拉谦虚些，也为了让阿普拉对科学有真正的认识，爱迪生决定给他出个难题。

一天，爱迪生把一只玻璃灯泡交给阿普拉，请他算算灯泡体积是多少。在数学上，只有少数形状规则的物体的体积，像正方体、长方体、球体、锥体等及它们的组合体的体积，能很快计算出来。有些物体的体积虽然能计算，但计算过程很复杂；某些形状不规则物体的体积，是难以计算的。阿普拉拿着那个玻璃灯泡一看，灯泡是梨形的，心想："虽然计算起来不容易，但还是难不住我！"

他拿出尺子量了又量，并依照灯泡的式样画了草图，然后列出密密麻麻的计算式。尽管他算得非常认真，但这个灯泡的体积实在太难计算了，过了一个多小时，他也没算出来。

又过了一个多小时，爱迪生来看看他计算得怎样了，只见阿普拉还低着头列算式，根本没有快要完成的样子。爱迪生不耐烦了，他拿过玻璃灯泡，沉在洗脸池的水中，将灯泡灌满了水，接着将灯泡内的水咕嘟咕嘟地倒在量杯里，一看量杯读数，对阿普拉说，就是这么多毫升，问题解决了，阿普拉这才恍然大悟。

解决问题首先要选择正确的方法，而方法的选择要具体问题具体分析。阿普拉不作分析，一头钻进数学计算中，而爱迪生却选择了更简单的方法。

二、创新的基本类型

从经济角度分析，创新是生产要素的重新组合，其目的是获取潜在的利润。熊彼特认为，创新是一个经济范畴，可以把已发明的科学技术引入企业之中，形成一种新的生产能力。具体来说，创新包括以下五种情况：

(1)引入一种新产品，就是消费者还不熟悉的产品，或提供新的产品质量。

(2)采用一种新的生产方法，就是在有关制造部门中未曾采用过的方法。这种新方法并不需要建立在新的科学发现基础之上，可以是以新的商业方式来处理某种产品。

(3)开辟一个新的市场，就是使产品进入以前不曾进入的市场，不管这个市场以前是否存在过。

(4)获得一种原料或半成品的新的供给来源，不管这种来源是已经存在的，还是第一次出现的。

(5)实行一种新的企业组织形式，例如建立一种垄断地位或打破一种垄断。

国外的德布林咨询公司在研究了近 2 000 个创新案例后，开发出"创新的十种类型"框架。

盈利模式创新指的是通过全新的方式将产品和其他有价值的资源转变为现金。这种创新常常会挑战一个行业关于生产什么产品、确定怎样的价格、如何实现收入等问题的传统观念。溢价和竞拍就是赢利模式创新的典型例子。

网络创新，在当今高度互联的世界里，可以让人们充分利用其他公司的流程、技术、产品、渠道和品牌。众筹众包等开放式创新方式就是网络创新的典型例子。

结构创新指通过采用独特的方式组织公司的资产(包括硬件、人力或无形资产)来创造价值。它可能涉及从人才管理系统到重型固定设备配置等各方面。结构创新的例子包括，建立激励机制从而鼓励员工朝某个特定目标努力，实现资产标准化从而降低运营成本和复杂性，创建企业大学以提供持续的高端培训。

流程创新涉及公司主要产品或服务的各项生产活动和运营。这类创新需要彻底改变以往的业务经营方式，使得公司具备独特的能力，高效运转，迅速适应新环境，并获得领先市场的利润率。流程创新常常构成一个企业的核心竞争力。

产品性能创新指的是公司在产品或服务的价值、特性和质量方面进行创新。此类创新不仅涉及全新产品，也包括能带来较大增值的产品升级和产品线延伸。产品性能创新常常是最容易被效仿的。

产品系统创新是将单个产品和服务联系起来，创造出一个可扩展的强大系统，从而建立一个能够吸引并取悦顾客的生态环境并抵御竞争者。

服务创新指通过服务改进来保证并提高产品的功用、性能和价值，使一个产品更容易被试用和享用。这不仅为顾客展现出他们可能会忽视的产品特性和功用，而且有助于解决顾客遇到的问题。

渠道创新包含了将产品与顾客和用户联系在一起的所有手段。例如，实体店与互联网的结合常常能以多种互补方式将产品和服务呈现给顾客。

品牌创新有助于保证顾客和用户能够识别、记住你的产品，并在众多同类产品中选择你的产品。好的品牌创新能够提炼一种承诺，吸引购买者并传递一种与众不同的身份感。

顾客契合创新指通过了解顾客和用户的深层愿望，发展顾客与公司之间富有意义的联系，同时帮助人们找到合适的方式把自己生活的一部分变得更加难忘、富有成效并充满喜悦。

如今，简单创新不足以获得持久的竞争力，尤其是单纯的产品性能创新，很容易被模仿和被超越。因此，创业者有时需要综合应用上述多种创新类型，才能打造可持续的竞争优势。

案例

好邦客车行

有这么一家车行——好邦客，凭借"比租车便宜，比买车更方便"的理念，帮助工薪族实现了用车的梦想。

好邦客的潜在消费群是想拥有座驾而又囊中羞涩的工薪族。他们只要办理入会手续，到指定银行缴纳保证金并办理储蓄卡就可以成为会员，能按正常程序享受租车服务，同时可依据使用时间和所付费用获得积分。积分达到一定程度就可从好邦客提走一辆相应型号和相应新旧程度的车辆。好邦客还以托管、储蓄等方式吸纳二手车。托管人可在托管期满后按约定取回车辆，并享有托管收益，获得现金返还（车辆使用费的30%）。

凭借20万元启动资金，好邦客现已成为年盈利3000万元的地方特色车行。它成功的关键就在于用少量的资金撬动了汽车租赁、汽车销售和二手车交易的联动消费市场。

三、创新与创业的关系

创新与创业虽然有各自的边界，但同时又有着密不可分的内在联系。在新的时代背景下，二者的相互作用和集成融合变得十分明显。

（1）创新是创业的源泉和本质。在创业过程中，创业者需要具有持续旺盛的创新意识和能力，才能提出真正富有创意的想法和方案，才可能不断寻求新的商业模式和新的市场出路，最终获得成功。

（2）创业是一个从无到有的创新过程，其核心是通过市场途径推出新的成果和产品。正是在这样的意义上，创业体现着创新的特质。

（3）创业是一种推陈出新的社会实践活动。无论是何种性质和类型的创业活动，都离不开创性或改良型的实践。创业的一个具体表征，就是新创企业不断地以新的产品和服务取代相对落后了的产品和服务。

（4）创业是主体高度自觉和自主的行为。在创业实践的过程中，创业者的主观能动性需要得到最充分的调动，这样主体的创新素养和能力等也会同时得到显著提升。

总之，创新与创业相互独立，但并非对立。两者有着相辅相成的内在联系，表现为相互渗透、交叉、交集和融合。创新是创业的基础，创业推动着创新。创新是建立一种新的生产函数，促进生产要素的新组合，而创业则是这种新组合的市场化或产业化。

案例

理科男创业记

1998 年，中国科学技术大学的学生小刘接到了多所海外名校提供全额奖学金资助的深造邀请。但此时，一个更大的诱惑摆在他面前：他负责的语音合成系统在一次国家级中文语音技术挑战赛中获得冠军，并在国际业界第一个做到了 3.0 标准，距离民用只有一步之遥。

最终，小刘和同学在 1999 年成立了科大讯飞公司。依靠创新的研究成果和创业的努力，如今，他的公司成为全国在校大学生创业首家上市企业，5 年市值上升 10 倍。理科男变成了创业家。

拓展 阅读

大学生创业的基本条件有哪些？

七大创业必备条件包括：

1. 充分的资源（Resources）：包括人力资源和财力资源，创业者要具备丰富的经验、必要的学历、充足的流动资金和时间及创业精神和顽强的毅力；

2. 可行的概念（Ideas）：生意概念不怕旧，最重要的是有可行性、长久性，可以继续被开发和扩展；

3. 适当的基本技能（Skills）：不是行业中的一般技能，而是通常性的企业管理技能；

4. 有关行业的知识（Knowledge）；

5. 才智（Intelligence）：创业者不一定要有高智商，但要善于把握时机，做出正确的决定；

6. 网络和关系（Network）：创业者如果有人帮助和支持，会为不断扩大朋友网络和维护人际关系带来便利；

7. 确定的目标（Goal）：确定目标可使创业者少走弯路，有奋斗方向。

将上述七个词的首个英语字母串在一起，恰好是 RISKING（冒险）一词。创业是伴随风险的。

✍ 思考题

你适合创业吗？

有一天，你接到了三个邀请，恰好都是同一个周末的下午。

1. 某富商在报告厅谈他成功的辉煌人生；
2. 一个大学生创业者来校讲述自己创业失败的经历；
3. 你多年未见的一群同学聚会。

你的选择是＿＿＿＿＿＿＿＿＿＿＿＿＿＿＿＿＿。

▶ 第二节 掌握创业知识

一、创业的概念和内涵

在我国，创业一词最早出现于《孟子·惠王下》："君子创业垂统，为可继也。"故《辞海》将创业解释为开创基业。在国外，18世纪的经济学家理查德·坎蒂隆（Richard Cantillon）最早使用"企业家（entrepreneur）"这个词来指称那些在寻求机遇的过程中，扮演积极承担风险角色的人。现今，一般把创业定义为不拘泥于当前的资源约束，寻求机会，进行价值创造的行为过程。作为一个行为过程，创业的概念可以从以下三方面分析和理解。

首先，创业要面对资源缺乏的难题。无数创业案例表明，大多数创业者在创业初期，甚至在创业全过程中都会面临资源约束的问题。这是因为，创业活动通常是创业者在资源高度约束的情况下所进行的从无到有、从零到一的财富创造过程。创业者往往需要通过技术创新和商业模式创新等方式对资源进行更有效的整合，进而实现创业目标。换言之，创业者只有努力创新资源整合手段和资源获取渠道，才能真正摆脱资源约束的困境。因此，积极探求创造性整合资源的新方法、新模式和新机制，就成为创业的基本特性。

其次，创业需要寻求有效机会。机会是具有时间性的有利情况，有效机会就是在时间之流中最好的一刹那。创业通常离不开创业者识别机会、把握机会和实现机会的有效活动。创业者从创业起始就需要努力识别商业机会，只有发现了商业机会，才有可能更好地整合资源和创造价值。因此，一般认为，寻求有效机会是产生创业活动的前提。

再次，创业必须进行价值创造。创业属于人类的劳动形式之一，劳动需要产生劳动成果，创业也需要创造劳动价值。创业的本质在于创新，因此，与一般劳动相比，创业更强调创造出创新性的价值。当今较为典型的创业大多诉求创新带来的新价值，这些新价值通过技术、产品和服务等方式的变革更好地为消费者服务，促进社会的发展和进步。需要特别注意的是，创业通常需要创业者付出比一般劳动更多的时间和努力，承担更多的风险。当然，创业的成功也会带来成就感。

案例

青春最是创业时

他是董事长，但曾经身无分文，靠透支信用卡为唯一的员工发工资。创业的艰辛一次次把他抛向失败的绝境，但坚持让他最终赢得了成功。

杨先生的创业意识始于他上大二时。那时，他和同学一起做学校的学生门户网站，随后又创办了自己的网站。本科毕业时，他以综合排名第一的成绩被保送读研，同时还得到了出国留学的机会。但当时的他却做了一个令人意想不到的决定——参加中国青年志愿者扶贫接力计划的支教团，远赴青海做一年的志愿者。他说，创业需要经过基层的磨炼，需要经受艰苦的洗礼，需要培养百折不挠的精神。

2005年夏天，志愿服务结束，杨先生回校读研，也踌躇满志地开始了创业生涯。在政府提供的4万元创业资金的扶持下，杨先生创办了他的第一家公司。可因为摊子铺得太大，杨先生不但没有迅速打开局面，还在现实中碰了个头破血流。更可怕的是，就在公司举步维艰的时候，更大的打击接踵而至：网站服务器磁盘阵列出错，丢失了多年积累下的大量网络资源；租赁的写字楼到期；公司从鼎盛时的60多人衰落到只剩下1名员工。

"就这样半途而废吗？不！要坚持下去。"不曾泯灭的创业理想让杨先生心中充满对成功的渴望。他没有被困难打倒，反而比任何时候都更加努力。

杨先生把公司搬到了学校临时借给他的一间旧房子里。在这里，他和唯一的员工夜以继日地做开发、测试，几天几夜没合眼。他把所学的法学专业知识和软件开发结合起来，开发出国内首套具有自主知识产权的律师事务所信息管理系统。由于适应了市场的需求，该产品很短时间内就卖出了二十多套，使濒临死亡的公司重获新生。

2008年，因为与一家文化传媒企业合作不顺利，杨先生再一次陷入失败的境地。但这一次，他在失败中看到了动漫产业的前景，一鼓作气创办、并购了多家动漫公司。由于抓住了动漫产业快速发展的先机，公司在短短的两年时间里，迅速发展成为动漫领域的知名企业。后来，公司的动画产能达到了每年5000分钟以上，原创漫画产能每年超过20部。公司的十几部原创动漫作品在法国、德国、英国、新加坡等地发行。拼搏创业的经历让杨先生获得了辽宁省大学生自主创业先进个人等多项荣誉。

尝过失败的滋味，杨先生更懂得成功的真谛。他无限感慨地说："我们是风华正茂的大学生，我们精力充沛，我们拥有知识，我们就该敢闯敢拼。"

二、创业的要素和类型

迄今为止，在创业要素的认知和分析模型中，最为典型和公认的是蒂蒙斯模型。该模型提炼出了创业的三大关键要素，即创业机会、创业者与创业团队、创业资源。一般认为，这三个核心要素是创业活动中不可或缺的。如果没有机会，创业活动就成了盲动，难以创造真正的价值。机会是普遍存在的，关键要看创业者及其创业团队能否有效识别和开发利用机会；如果没有创业者及其创业团队的主观努力，创业活动是不可能发生的；创业者及其创业团队把握住合适的机会后，还需要有相应的资金和设备等资源。如果没有必要的资源，机会也就难以被开发和实现。

蒂蒙斯模型具有动态性。模型中，创业过程实际上是三个因素之间相互作用，由不平衡向平衡方向发展的过程。随着创业过程的展开，创业重点也相应地发生变化。因此要对机会、创业者与创业团队、资源三者做出动态的调整。该模型还要求三要素之间的匹配和平衡。因此，创业现象也被认为是创业者、创业机会和创业资源三者之间的有效链接。其中，创业者是创业的核心，是使机会识别利用与资源获取和组合得以实现的驱动者。

创业活动涉及各行各业，创业者的创业动机千差万别，创业项目和领域多种多样，因此创业的类型也呈现出多样化。可以从不同角度对创业进行分类。

(一)基于创业动机的不同进行分类

基于创业动机的不同，创业可分为生存型创业与机会型创业。2001年，全球创业观察(GEM)报告最先提出了生存型创业和机会型创业的概念，并逐年对这两个概念进行了丰富。生存型创业是指创业者为了生计而相对被动地进行创业。其主要特征为：创业者受生活所迫，物质资源贫乏，在现有市场中捕捉机会，从事低成本、低门槛、低风险、低利润的创业。譬如，我国改革开放初期的创业者及下岗职工的创业大都属于这种类型。机会型创业是指创业者为了追求商业机会，谋求更多发展而从事的创业活动。例如，李彦宏创办百度就是典型的机会型创业。他舍弃在美国的高薪岗位，毅然回国创业，其主要原因是他发现和把握住了互联网搜索引擎存在的巨大商机，同时，他期望自己实现人生的更大发展。机会型创业与生存型创业的主要区别如下：

1. 创业者的个人特征

创业者个人特征是影响创业动机的主要因素，对机会型创业与生存型创业的区分有显著影响。相对而言，年轻和学历高的创业者更有可能进行机会型创业。

2. 创业投资回报预期

创业投资回报与创业风险相关。生存型创业者期望承担小一些的创业风险，获取低一些的投资回报。机会型创业者往往期望较高的投资回报，也会承担更大的创业风险。

3. 创业壁垒

生存型创业者更多地受到创业资金、技术和人才等的限制，会回避技术壁垒较高的行业。机会型创业者拥有一定的资金、技术和人才优势，会更关注新的市场机会，选择有一定壁垒的行业。

4. 创业资金来源

生存型创业者的资金主要来源于个人和家庭自筹。机会型创业者能比生存型创业者获得更多的贷款机会及政府政策和创业资金的支持。

5. 拉动就业

相比生存型创业，机会型创业不仅能解决自己的就业问题，而且能解决更多人的就业问题。

6. 政府和社会的支持

由于机会型创业着眼于新的市场机会，拥有更高的技术含量，因此就有可能创造更大的经济效益，从而改善经济结构。无论是从缓解就业压力还是改善经济结构的目的出发，政府和社会都应该更加关注机会型创业，大力倡导机会型创业。

（二）基于创业起点的不同进行分类

基于创业起点的不同，创业可分为创建新企业和企业内创业。创建新企业是指创业者或团体从无到有地创建全新的企业组织。这个过程充满机遇，但风险和难度也很大。企业内创业是指在已有公司或企业内进行创新的过程。例如企业流程再造。正是通过二次、三次乃至连续不断地创新创业，企业的生命才能不断地延伸。

（三）基于创业者数量的不同进行分类

基于创业者数量的不同，创业可分为独立创业和合伙创业。独立创业是指创业者独立创办的企业。独立创业的特点是产权归创业者个人所有，企业由创业者自由掌控。因此独立创业的企业决策迅速，但创业者要独自承担风险，其创业资源整合比较困难，并且受个人才能限制。合伙创业是指与他人共同创办企业，其优势和劣势正好与独立创业相反。

（四）基于创业项目性质的不同进行分类

基于创业项目性质的不同，创业可分为传统技能型、高新技术型和知识服务型。传统技能型创业是指使用传统技术、工艺的创业项目，比如生产饮料、中药、工艺美术品、服装及加工食品等。这些独特的传统技能项目在市场上表现出经久不衰的竞争力。高新技术型创业是指知识密集度高，带有前沿性、研究开发性质的新技术、新产品的创业。知识服务型创业是指为人们提供知识、信息的创业项目。当今社会，各类知识性咨询服务机构的功能不断细化，数量也不断增加，其中很多项目投资少、见效快，市场前景广阔。

（五）基于创业方向或风险的不同进行分类

基于创业方向或风险的不同，创业可分为依附型、尾随型、独创型和对抗型。

依附型创业可以是依附于大企业或产业链而生存，在产业链中确定自己的角色，为大企业提供配套服务，也可以是特许经营权的使用，如利用某些品牌效应和成熟的经营管理模式进行创业。尾随型创业指模仿他人所开办的企业和经营项目。一般是行业内已经有许多同类企业，创业者尾随他人，学着别人做。独创型创业是指提供的产品和服务能够填补市场空白，大到商品完全独创，小到商品的某个技术独创。对抗型创业是指创业者进入其他企业已形成垄断地位的某个市场，与之对抗较量。例如，针对20世纪90年代初，外商在中国市场上大量销售合成饲料的局面，希望集团建立了西南最大的饲料研究所，与外商竞争，最终取得了成功。

（六）基于创新内容的不同进行分类

基于创新内容的不同，创业可分为基于产品创新的创业、基于营销模式创新的创业和基于组织管理体系创新的创业。基于产品创新的创业是指基于技术创新或工艺创新的成果进行的创业。基于营销模式创新的创业是指创业者采取了一种有别于其他厂商的市场营销模式，可能给消费者带来更高的满足感。基于组织管理体系创新的创业是指创业者采取了一种有别于其他厂商的企业组织管理体系，能更有效地实现产品的商业化和产业化。

三、创业的过程与阶段

创业过程是指创业者从产生创业想法到创建新企业或开创新事业并获取回报的过程，涉及识别机会、组建团队、寻求融资等一系列活动组成的流程。通常，创业过程可分为以下六个主要环节：

（一）产生创业动机

创业动机是创业机会识别的前提，是创业的原动力，能推动创业者去发现和识别市场机会。创业活动的主体是创业者。创业活动首先取决于个人是否希望成为创业者。当然，不少人是因为看到了创业机会，受到潜在收益的诱惑，才产生了创业动机，进而成为一名创业者或创业团队成员。一个人能否成为创业者，会受三方面因素的影响。一是个人特质。每个人都可能具有创业精神，但创业精神的强度不同。强度的大小有遗传的成分，也会受环境的影响。温州人的创业意愿相对强烈，这就是因为受环境的影响。二是创业机会。创业机会的增多会形成巨大的利益驱动，促使更多的人尝试创业。社会经济转型、技术进步等多方面的因素在使创业机会增多的同时，也会降低创业门槛，进而促成更大的创业热潮。三是创业的机会成本。人们能从其他工作获得高收入并满足需求时，其创业意愿就低。比如，科学家独立创业的人较少，这是因为科学家已经谋得了一份收入相对丰厚而且稳定的工作，所以较少愿意去冒创业风险。

（二）识别创业机会

识别创业机会是创业过程的核心环节。识别创业机会包括发现机会来源和评价机会价值。一般应澄清四个基本问题：第一，机会何来？创业者应该找到创业机会的来源在哪里。第二，受何影响？创业者应该找到影响创业机会的相关因素。第三，有何价值？创业者应该找到创业机会所具有的能被评价的价值。第四，如何实现？创业者应该知道通过什么形式或途径能使机会变成实际价值。围绕这些问题，创业者在识别创业机会阶段需要多交流、多观察、多获取、多思考、多分析，最终抓住创业机会。

(三)整合有效资源

整合资源是创业者开发机会的重要手段。一般情况下，创业者可以直接控制的可用资源往往很少，创业几乎都会经历白手起家，从无到有的过程。对创业者来说，整合资源往往意味着需要借船出海，要善于尝试依靠盘活别人掌握的资源来帮助和实现自己的创业起步。人、财、物都是开展创业活动所必需的基本生产要素。创业者所需要整合的资源包含以下三方面：首先要组建团队，凝聚志同道合的人；其次要进行有效的创业融资；再次，要有创业的基础设施，包括创业活动的场地和平台。创业是在创业者面对资源约束的情况下，开展的具有创造性的工作。创业者一定会面临很大的不确定性，所以，在创业初期乃至新企业成长的很长一段时间里，创业者都要把主要精力放在资源的获取上，从而解决公司和企业的生存问题。此外，创业者还需要围绕创业机会设计出清晰的、有吸引力的商业模式，有时还需要制订详细的创业计划，并向潜在的资源提供者陈述和展示，以获取更多的支持。

(四)创建创业企业

新企业的创建是创业者的创业行为最为直接的标志。创建新企业包括设计企业制度、注册企业、选择经营地址、确定进入市场的途径、选择完全新建企业还是加入或收购现有企业等。值得注意的是，许多创业者对未来缺乏准确预期，在创业初期迫于生存的压力，往往会忽视这部分工作，给企业未来的发展留下隐患。

(五)提供市场价值

创业者识别机会，整合资源，创建新企业等都是为了实现自己的创业目标，但创业目标能否实现要看创业者能否提供市场价值。这是创业过程中的重要环节，关系到新企业的生存与成长。因此，创业者必须面对挑战，采取有效措施，充分实现产品的市场价值，不断让客户受益，从而获得长期利润，逐步把企业做活、做好、做大、做强。

(六)收获创业回报

收获回报是创业活动的主要目的。回报的获取有助于创业者的事业发展。回报可能是多种多样的。对回报的满意程度在很大程度上取决于创业者的创业动机。调查发现，创业者的创业动机不同，对收获创业回报的态度和想法也有所不同。对多数年轻创业者来说，获取回报最为理想的途径之一是把自己创建的企业尽快发展成为一家快速成长的企业，并成功上市。

从以上的创业过程分析和创业实践案例研究，可以归纳出：一个全过程的创业可大致分为四个主要阶段，即机会识别、资源整合、创办新企业、新企业生存和成长。上面介绍的创业过程所包含的环节中，产生创业动机、识别创业机会属于机会识别阶段；整合有效资源属于资源整合阶段；创建创业企业属于创办新企业阶段；提供市场价值、收获创业回报属于创业的生存和成长阶段。

创业的阶段也可以从公司发展的角度进行划分，其四个基本阶段为：

第一阶段，生存阶段。此阶段，创业企业以产品、技术和服务来占领市场。创业者要有想法、会销售。

第二阶段，公司化阶段。此阶段，创业企业以规范管理来增加企业效益。创业者要提高思维层次，能将基本想法提升到企业战略思考的高度。

第三阶段，集团化阶段。此阶段，创业企业以产业化的核心竞争力为硬实力，依靠团队间的合作，构建子公司和整个集团的系统平台，通过系统平台来完成管理，把销售变成营销，把区域性渠道转变成地区性网络。

第四阶段，总部阶段。此阶段，创业企业以一种无国界的经营方式构建集团总部，依靠一种可跨越行业边界的无边界核心竞争力，让企业发展达到最高层级。

思考题

1. 如何寻找创新机遇？
2. 创业需要哪些要素？

▶ 第三节 实现创新创业人生

一、创新型人才的素质要求

创新型人才，就是具有创新精神和创新能力的人才。他们头脑灵活、思维开阔、好奇心强，具有精力充沛、坚持不懈、注意力集中、想象力丰富及富于冒险精神等特征。知识经济时代对创新型人才有以下要求。

(一)可贵的创新品质

创新型人才必须是有理想、有抱负的人，具备良好的献身精神和进取意识，有强烈的事业心和历史责任感等可贵的创新品质。具备了这些品质，才能够有为求真知、求新知而敢闯、敢试、敢冒风险的勇气和强大的精神动力。

(二)坚韧的创新意志

创新是一个探索未知领域和对已知领域进行破旧立新的过程。创新的过程充满各种阻力和风险。因此，创新型人才需要有非凡的胆识和坚忍不拔的毅力，能坚持不懈地奋斗，遭到阻挠和诽谤不气馁，遇到挫折和挫败不退却。只有具备了坚韧的创新意志，才能不断战胜创新活动中的种种困难，最终实现理想的创新效果。

（三）敏锐的创新观察

历史上的科学发现和技术突破，无一不是创新的结果。从这个意义上讲，创新就是发现，而且是突破性的发现。要实现突破性的发现，创新型人才就必须具备敏锐的观察能力、深刻的洞察能力、见微知著的直觉能力和一触即发的灵感，能将观察到的事物与已掌握的知识联系起来，发现事物之间的必然联系，及时地发现别人没有发现的东西。

（四）丰富的创新知识

创新是对已有知识的发展。在人类知识越来越丰富和深奥的今天，创新型人才的知识结构既要有广度，又要有深度。因此，创新型人才须具有广博而精深的文化内涵，既要有深厚而扎实的基础知识，了解相邻学科及必要的横向学科知识，又要精通自己专业并能掌握所从事专业的最新科学成就和发展趋势。这是从事创新研究的必要条件。只有通过知识的不断积累，才能用更为宽广的眼界进行创新实践。

（五）科学的创新实践

创新的过程是遵循科学、依据事物的客观规律进行探索的过程。因此，创新型人才必须具有严谨求实的工作作风，严格遵循事物的客观规律，从实际出发，以科学的态度进行创新实践。

二、创新创业意识的培养

创新创业意识的培养首先涉及一个经常出现的问题，即激发创业的核心因素是什么。研究表明，创业的核心要素有三个，即改变现状、可信的榜样和具备创新创业的意识和能力。

那么应该如何提高创新创业意识呢？

（一）主体意识

创新创业是艰难的事业。创业的主体意识、主体地位、主体观念，会成为创业者在风口浪尖上拼搏的巨大力量。这种力量能鼓舞创业者抓住机遇，迎战风险，实现自身价值。因此，创业主体意识的树立至关重要。我们只有理解这一点，抓住这一点，培育这一点，提升这一点，才能深切地认识到，创业是人生路上的一个转折点，是知识增量、能力提升的好机会。只要抓住了重新崛起的支点，灿烂的明天、美好的未来，才会向你走来。

（二）风险意识

风险意识是中国企业在与国际接轨中应着重增强的一种现代企业经营意识，也是创业者急需培养和增强的一种重要的创业意识。创业是充满风险的。创业者对可能出现和遇到的风险准备和认识不足，是我国当前群体创业活动中的一种普遍现象。

这种创业风险意识的缺位，突出表现在以下四个方面：在心理准备上表现为对创业可能出现和可能遇到的困难准备不足；在决策上表现为不敢决策、盲目决策、随意决策；在管理上表现为不抓管理、无序管理、不敢管理；在经营上表现为盲目进入市场、随意接触客户、轻率签订商务合同。创业者要从害怕风险、不敢迈步之中解放出来，敢于去市场经济的大潮中劈风斩浪，同时也要善于规避风险、化解风险，使自己在迎战风险的过程中站立起来、成熟起来，成为商海的精英和栋梁。

(三)学习意识

创业后，创业者面对的第一个也是最普遍的问题就是知识恐慌。原有的知识底蕴和劳动技能已经不足以支持创业者应对创业过程中出现的大量的新情况和新问题。因此，创业者应该及时进行知识更新，才能适应和满足繁重的创业需求。天津市妇女创业服务中心的入驻企业，不仅对创业者进行常规的科学文化知识和营销管理理念的培训，还进军电子商务领域，走信息化创业之路，以满足创业者对现代创业理念的需求。

(四)资源整合意识

资源整合理念是现代营销学中的崭新理念。任何一个创业者都不可能把创业中所遇到的问题都解决好，也不可能把一切创业资源都备足，因此，创业者要学会进行资源整合。资源整合的原则不仅是创业设计中的一个重要原则，也是在创业中借势发展、巧用资源、优势互补、实现双赢的重要方法。创业者在刚刚开始创业时，资金不足、资源缺乏、没有经验、不会经营。创业者在银行开了账户，有了支票都不知道图章盖在哪，可以说在创业的每一步都可能碰壁。在这种情况下，给他们一座金山，不如给他们一种能力。创业者只有看到现代企业的发展趋势，把握崭新的创业理念，并以此为武器，进行各种最佳创业要素的整合，才能开拓出自己的未来之路。这种现代创业意识将成为创业者快速崛起的一种特效武器。

(五)信息意识

信息是资源，是财富，但是很多创业者不懂得信息的价值和信息资源的重要性，不会寻找和利用信息资源，更不懂得去开发信息资源中的价值。正如一位创业者所讲的："刚开始创业时，我不懂得查信息，找商机。每天只知道傻愣愣地站着，傻愣愣地喊。结果，一天下来，腰酸腿疼，还不挣钱。"后来，知识产权局的同志来给创业者做报告，还带来了20多万条过期专利，并将其提供给创业者进行筛选。在对这些信息的筛选中，这位创业者获知了国际上需求超薄型针织服装的信息。于是她立刻加紧运作，从香港引进了用细羊绒和蚕丝制成的冬暖夏凉又十分轻便的超薄型针织面料，还添置了先进设备，培训员工，充实技术人员，很快就让自己生产的春、夏、秋、冬四季超薄型针织服装上市，尝到了开发信息资源的甜头。自此，她懂得了信息的重要性，不仅订阅了大量刊物，还参加了下岗女工零起步电子商务培训班，听专家讲解、介绍网络营销的技能和技巧，学会利用网络去搜索信息，捕捉商机。

(六)经验积累

创业者必须清楚地了解自己是否具有创办和经营企业所需要的能力和经验。创业者的工作经验、技术能力、企业实践经验、爱好、社会交往能力和家庭背景对于创业的成功都很重要。如果创业者发现自己缺乏创办企业必备的素质和能力,可以通过如下方法加以改进:与企业人士交谈,向成功的企业人士学习;做一名成功人士的助手或学徒;参加一个培训班或学习班,接受培训;阅读一些可以提升经营技巧的书籍;取得家人的支持;学会思考利弊;制订未来企业计划,增强创业动机;提高思考问题、评价问题及应对风险的能力;学习和思考如何更好地应对危机;多接受别人的意见和新的想法;遇到问题时,要分析问题的前因后果,并提高自己从错误中吸取经验教训的能力;加大对工作的投入并且认识到只有努力工作,才能获得成功;寻找能与你取长补短的合伙人,而不是完全依靠自己去创办企业。

三、创新创业与职业生涯发展

在现代社会,尽早做好职业生涯规划对于一个人的发展至关重要。只有这样,才能认清自我,不断探索开发自身潜能的有效途径或方式,准确地把握人生方向,塑造成功的人生。

(一)职业生涯的概念

职业生涯是指个人通过从事工作所创造出的一个有目的、延续一定时间的生活模式。这个定义由美国职业发展协会(National Career Development Association)提出,是职业生涯领域中被广泛使用的一个定义。职业生涯的定义中包含了一些重要的概念,它们对所有进行职业生涯规划的人都有着重要的意义。下面对这些概念分别进行介绍。

"个人所从事的"强调职业生涯对个人而言的独特性。现实中,因个人成长经历和兴趣爱好的不同,个人的职业生涯也不相同。即使人们有相似的兴趣或技能,从事相同的职业,为相同的机构工作,他们的职业生涯也可能不同。

对于职业生涯专家而言,工作是一种可以为自己或他人创造价值的活动。但在日常生活中,每个人对工作都有不同的认识。所以工作这个词可能是职业生涯领域最易被误解的词语之一。

"创造出"在这里是指职业生涯是一个人的愿望和可能性之间、理想和现实之间妥协和权衡的产物。职业生涯发展是一系列选择连续进行的结果。人们做出选择时,需要权衡这些选择的收益及代价和风险。对一个人来说,没有十全十美的职业生涯道路,但也许会有最适合的职业生涯道路。

"有目的"表明职业生涯对个人来说是有意义和有价值的。职业生涯凝结了个人的价值观和信念,反映了个人的动机、抱负和目标,不是偶然发生或应运出现的,而是经过规划、思考、制订和执行的。

"延续一定时间"说明职业生涯不是作为一个事件或选择的结果而发生的事情,

不局限或束缚于某一特定的工作或职责的时间段。它本质上是持续一生的过程，会受到个人内存和外在力量的影响。该领域的一些专家甚至使用"生命/生涯"(life/career)这个词作为联结生命过程和生涯观念的桥梁。

"生活模式"在这里意味着职业生涯不仅是一个人的职业或工作。职业生涯与成人所有的生活角色交互作用，这些角色包括家长、配偶、持家者、学生等。

职业生涯有其基本的含义。第一，职业生涯是个体的行为经历，而非群体或组织的行为经历。职业生涯是指一个人一生之中的工作任职经历或历程。第二，职业生涯是个时间概念，意指职业生涯期。职业生涯期始于工作之前的职业学习和训练，终止于完全结束或退出职业工作。不同个人之间的职业生涯期有长有短，是不完全一样的。第三，职业生涯是一个包含着具体职业内容的、发展的、动态的概念。职业生涯纵向表示职业工作时间的长短，横向内含着职业发展、变更的经历和过程，包括从事何种职业工作，职业发展的阶段，由一种职业向另一种职业的转换等等具体内容，是纵横交错的。

职业生涯可分为外职业生涯和内职业生涯。

外职业生涯是指从事职业时的工作单位、工作地点、工作内容、工作职务、工作环境、工资待遇等因素的组合及其变化过程。外职业生涯的构成因素通常是由别人给予的，也容易被别人收回。外职业生涯因素的取得往往与自己的付出不符，尤其是在职业生涯初期。有的人一生疲于追求外职业生涯的成功，但内心极为痛苦，因为他们往往不了解，外职业生涯发展是以内职业生涯发展为基础的。

内职业生涯是指从事一项职业时所具备的知识、观念、心理素质、能力、内心感受等因素的组合及其变化过程。比如，工作成果目标，销售经理的工作业绩；心理素质目标，经受得住挫折，能做到临危不惧、宠辱不惊。内职业生涯各项因素的取得，可以通过别人的帮助实现，但主要还是要通过自己的努力去实现。与外职业生涯构成因素不同，一旦取得内职业生涯的各构成因素，别人便不能收回或剥夺。

(二)职业生涯规划

职业生涯规划是指组织或者个人把个人发展与组织发展相结合，对决定个人职业生涯的个人因素、组织因素和社会因素等进行分析，制订个人一生事业发展上的战略设想与计划安排。

具体来说，职业生涯规划就是指个体客观认知自己的兴趣、能力、性格和价值观，发展适合自己的完整的职业自我观念，将个人发展与组织发展相结合，在对个人和外部环境因素进行分析的基础上，深入了解各种职业的需求趋势及能够取得这个职业的关键因素，确定自己的事业发展目标，并具体地选择实现这一事业目标的职业或岗位，编制相应的工作、教育和培训行动计划，制订基本措施，高效行动，灵活调整，有效提升职业发展所需的执行、决策和应变技能，使自己的事业得到顺利发展，并获取最大程度的事业成功。简而言之，职业生涯规划是指一个人对其一生中所承担职务相继历程的预期和计划。对大学生而言，职业生涯规划就是指根据自己的特点，结合社会要求，为自己设计最适合的职业和职业发展道路。

根据定义，进行职业生涯规划首先要对个人特点进行分析，再对所在组织环境和社会环境进行分析，然后根据分析结果确定个人的事业奋斗目标，选择实现这一事业目标的职业，编制相应的工作、教育和培训的行动计划，并对每一步骤的时间、顺序和方向做出合理的安排。

（三）创业人生与创新创业规划

从创业人生的视角分析，创业首先是一种理念、一种精神，一种不满足于现状、敢于创新并承担风险的精神，是一种在考虑资源约束的情况下，把握机会创造价值的认识。从广义的角度看，创业可以是一个人根据自己的性格、兴趣、所学专业、能力等选择适合自己的事业（可以是创办企业，也可以是创办非营利的事业，还可以是就业），并把握机会，为这个事业的成功整合资源、付诸努力，最终实现自己人生目标的过程。因此创业能力中所包括的捕捉机会、整合资源及领导、沟通等能力，具有普遍性与时代适应性。无论从事什么样的行业或职业，创业能力都将在个人职业生涯中发挥巨大的作用。

创业需要树立正确的创业观。创业者不仅要努力实现个人价值，更要考虑社会价值的实现；要处理好创业与职业生涯发展的关系，把专业知识和职业技能创造性地运用到经济社会发展中去。为奠定正确的创业方向，创业教育要注重培养学生的社会责任感，比如创造价值、服务国家、服务人民等；培养学生自尊、自爱、自强、自信的精神；培养学生迎难而上、坚持不懈、勇于创新的意志品质；培养学生遵纪守法、诚实守信、善于合作的职业操守。

创业者需要培养创新的强烈意识。创业者要学会运用已知的信息，不断突破常规，发现或产生某种新颖、独特的社会价值或个人价值。创业者要保持对未知事物和新事物的好奇心、对新知执着的探究兴趣及追求新发现和新发明的激情。创业教育不仅要使学生熟练掌握专业知识技能，更重要的是要培养学生的创新意识、问题意识、合作意识、社会意识。这必将有助于学生综合素质和能力的提高，使学生具备适应复杂多变的生活环境和工作环境的能力，较快进入创业角色，从而促进学生创业能力的发展。

创业需要拥有博大的人文情怀。脱离人与人的关系、人与自然的关系、人与物的关系来谈创业是不可能的。人文因素在学生创业的动力、方法和形式上将发挥事半功倍的效用。创业教育要致力于学生团队合作精神的培养，鼓励学生追求人文教育与科学教育的融合，以有助于未来创业者改善生产、生活中的各种关系，改进生产方式，有效利用新的生产资源和劳动手段，提高效率、效益和服务水平。

创业者要有开阔的视野和综合思维能力。创业者要具有多角度分析问题的能力和方法。在学科专业化趋势日益凸显的同时，经济社会发展对边缘性、交叉性、综合性创业人才的需求也更加紧迫。成功的创业教育要求学校，特别是高校的教育教学，打破学科之间、专业领域之间、文理之间的传统界限，在开拓学生知识面的基础上，提高学生从不同角度分析问题和解决问题的能力。教学要能开阔学生视野，教学中应增加跨专业、跨学科、跨行业的内容，使学生形成与产业结构、经济发展方式变化相适应的综合思维方式，养成对未来发展起关键性作用的综合能力，为学生在边缘性、交叉性、综合性领域发现新的创业平台打下素质基础。

对于一个立志创新创业的人来说，要制订一份好的规划，应该把握三个主要内容：自己能够做什么，社会需要什么，自己拥有什么资源。因此，就有必要进行自我分析、环境分析和关键成就因素分析。

首先，自己能够做什么。对创业者来说，只知道自己想干什么是不够的，更重要的是要知道自己能够做什么，做得到什么。当然，这也是相对而言的，因为一个人的潜能发挥是一个逐渐展现的过程。但是，个人对自己的兴趣、潜能有一个基本的认识，仍然是一项具有前提性的工作。

其次，社会需要什么。个人在明确自己想做什么、能做什么的同时，还应考虑社会的需求是什么。如果个人所选择的创业领域既符合自己的兴趣，又与自己的能力相一致，却不符合社会的需求，那么，这种创业的前景无疑是暗淡的。由于分析社会需求及其发展态势并非易事，因此，在选择创业目标时，应该进行多方面的探索，以求得出客观且正确的判断。

第三，自己拥有什么资源。要创业，就必然依赖各种各样的资源。创业者应该清楚地审视自己所拥有或能够使用的一切资源，判断这些资源是否足以支持创业的启动和可持续的运行。这里所说的资源，不仅指经济上的资金，还包括社会关系，即通过自己既有人际关系及既有人际关系的进一步扩展所可能带来的各种支持。

总之，做创业规划时，必须将个人理想与社会实际有机结合。创业规划也能够帮助个人真正了解自己，并进一步评估内外环境的优势和劣势，从而设计出既合理又可行的职业事业发展方向。只有使自身因素和社会条件达到最大程度的契合，才能在现实中发挥优势、避开劣势，使创业规划更具有可操作性。

思考题

1. 有人说创业太早了，风险太大；太晚了，也就没机会了。你怎么看？
2. 你五年后开始创业会比今天创业的成功概率更高吗？
3. 你会选择创业人生吗？为什么？
4. 运用头脑风暴法分析创业的要素、创业的功能价值与创新型人才的素质要求有哪些？

实践训练

<table>
<tr><td>小组名称</td><td colspan="3"></td></tr>
<tr><td>姓　名</td><td></td><td>学　号</td><td></td></tr>
<tr><td>任务名称</td><td colspan="3">创业人生方向设计画布</td></tr>
<tr><td>任务描述</td><td colspan="3">用创业人生方向设计画布，列出你详细的行动计划：</td></tr>
<tr><td>任务分工</td><td colspan="3"></td></tr>
<tr><td>过程记录</td><td colspan="3">
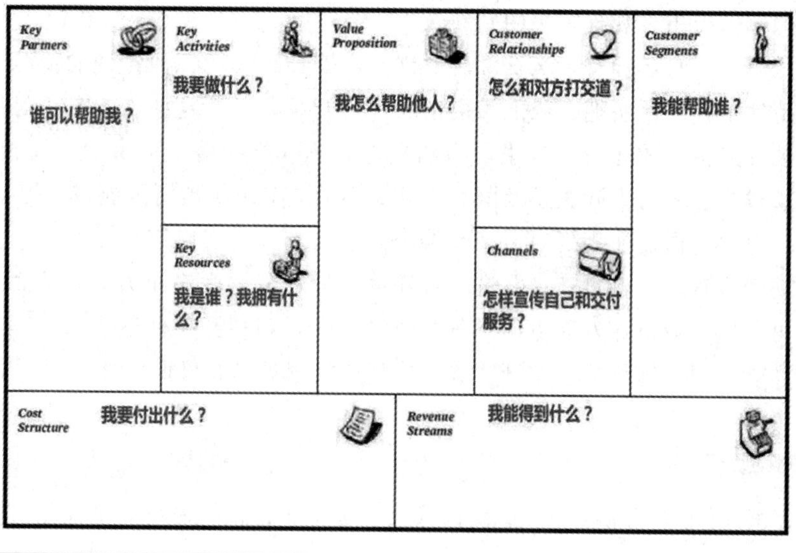

Key Partners
谁可以帮助我？
Key Activities
我要做什么？
Key Resources
我是谁？我拥有什么？
Value Proposition
我怎么帮助他人？
Customer Relationships
怎么和对方打交道？
Channels
怎样宣传自己和交付服务？
Customer Segments
我能帮助谁？
Cost Structure
我要付出什么？
Revenue Streams
我能得到什么？

</td></tr>
<tr><td>反　思</td><td colspan="3"></td></tr>
<tr><td>增值评价</td><td colspan="3"></td></tr>
</table>

学习笔记

姓　名：	学　号：
本节名称：	

第二章

创业者和创业团队

学习目标

❖ 了解创业者应具备的基本素质和创业者思维模式。
❖ 认识创业团队的重要性，并能够正确分析创业团队的优劣势。
❖ 掌握创业团队组建的策略和方法。
❖ 熟悉团队股权设计。

案例导入

一碗跷脚牛肉也有大未来

别看四川乐山小伙胡某才28岁，他已经有7年的创业经历。在第一次电商创业成功后，想突破自我的他把目光放在了乐山名食跷脚牛肉上。都说隔行如隔山，可在小胡看来，难的不是隔行而是不愿踏出舒适区。"创业虽然不易，但这是一个不断突破自我，挖掘自身潜力的过程。只要打好了基础，做好了市场调研，同时怀有一颗拼搏之心，我相信社会不会辜负努力的人。"小胡说。

积累经验：他为创业打下基础

从乐山职业技术学院工商企业管理专业毕业后，小胡并没有循规蹈矩到收入稳定的企业上班，而是开始了新的学习之路。他做过销售，当过房地产经纪人，卖过汽车。

"一年之内，我换了八份工作，最长的一份工作做了两个月。频繁跳槽，是为了感受不同的行业，了解他们的管理体系，掌握每一种行业的营销技能，为今后的创业打下基础。"小胡说自己是一个有冲劲儿的人，看到新鲜的事物，总想去尝试、去创新。虽然毕业后还没决定要开展什么样的创业项目，但他已经在为创业做着前期准备。

在掌握了如何建立微小企业的管理体系，以及如何开展后期运营后，小胡告别父母，前往广东等沿海地区"淘金"，想在机会更多的沿海地区找到合适的创业项目。

"当时电商平台发展很快，我看到了其中的商机，决定建立自己的销售平台。于是，我跑商家寻找优质货源成为品牌代理，再通过我建立的电商销售平台将货物卖到四川省内，就能从中赚取利润。"小胡回忆，"通过不懈努力，我终于找到了稳定的供货渠道，然后我回到乐山，挨个给本地商家打电话介绍产品。因为质量过关，价格实惠，很快就积累了一定的客户。"

寻求发展：他"盯"上了跷脚牛肉

当时，他每个月收入数万元。在很多人看来，在乐山刚创业就能有这样高的收入已经很不错了，可小胡并不满足，他想寻求更好的发展，于是把目光放在了乐山美食上。

小胡的父亲做得一手好菜，尤其是跷脚牛肉，味道更是一绝。小胡说："我吃过很多家跷脚牛肉，尝来尝去，觉得还是父亲做的最好吃。每年春节，在外地的亲戚都会回到乐山，吃我父亲做的跷脚牛肉。"为了让更多人尝到这一地道的美食，他决定尝试在美食领域创业。

2019年，小胡回母校进行创业经验分享，发现母校食堂里没有销售跷脚牛肉，觉得这是个很好的契机。

在拿到父亲写下的跷脚牛肉汤锅秘方后，小胡在母校的食堂租下摊位，聘请厨师现场制作。学生不需要离开学校就能喝到一口热腾腾的、美味的跷脚牛肉汤。因此跷脚牛肉一经推出就大受学生欢迎。小胡还结合市场行情，采取薄利多销的营销方式，在较短时间内就将前期投入的资金赚回。

有了经营餐饮的经验后，2021年初，小胡投入数十万元，租下了苏稽古镇上200多平方米的商铺，按照自己设计的风格进行了装修。2021年9月，胡蜀记跷脚牛肉店在苏稽镇开业。小胡正式涉足餐饮业。

创出风格：打造不一样的跷脚牛肉

小胡认为，跷脚牛肉在乐山已经被做到了极致，各家店的味道都差不多。因此胡蜀记跷脚牛肉店除了保证跷脚牛肉汤锅的传统口感外，还推出了新的招牌菜品，让消费者有更多选择。小胡说，做餐饮就必须特别注重食材的新鲜和菜品的创新，同时在经营方面要结合新媒体营销，这样才能在乐山跷脚牛肉餐饮中具有独特的代表性。这一新颖的发展理念是他结合自己前期的电商创业经验得出的。

为了在激烈的竞争中独树一帜，小胡聘请了具有丰富经验的厨师，不仅在跷脚牛肉常规菜品上下功夫，提升口味层次感，还挖掘创新出了自己的招牌菜品。

经过不断尝试，小胡和厨师定下了黄豆牛肉、火爆牛肠等菜品作为店里的招牌菜。不少吃过新菜品的游客对黄豆牛肉等菜品赞不绝口，许多人还成为了回头客。

小胡告诉记者，跷脚牛肉符合人们快节奏的生活特点和怀念家乡味道的心理，很适合打造中式快餐，是未来投资、创业的方向。目前他计划将胡蜀记跷脚牛肉制作成半成品，让新手也能做出大厨的味道，让外地人足不出户也能品尝地道乐山美食。

为了支持小胡的创业，2021年9月，乐山市人社部门推荐小胡参加了由四川省创新创业服务中心和乐山市就业创业促进中心共同主办的"乐业嘉州，创赢未来——2021'青创＋'"乐山创业项目巡诊活动。来自四川省和乐山市的创业指导专家专门来到小胡创办的胡蜀记跷脚牛肉店，现场分析市场，指导创业方向，促进他的创业项目进一步发展。

"创业指导专家建议我多参与大型的餐饮培训，增强自身专业能力，提高餐饮经营理念和管理方法，重点打造一两项品牌菜品，主动融入现代餐饮电商品牌的打造。"小胡表示，"接下来我将好好规划，在餐饮店发展的同时，开拓更多市场，让跷脚牛肉这一美食走进千家万户。"

📝 问题探讨

1. 你认为大学生创业首先需要解决的是什么问题？
2. 你认为需要具备什么样的素质才能成为创业者？

▶ 第一节　创业者

一、创业者的概念及特质

人们对创业者的认识经历了漫长的过程，也形成了诸多不同的理解与阐释。创业理论的发展，很大程度上与创业者这一概念的演变有着密切关联。自20世纪80年代以来，类似比尔·盖茨等创业者创建的一大批企业的快速成长，使得创业者这一概念开始受到学术界的关注。

（一）创业者的概念

创业者的英语单词（Entrepreneur）源于法语，意思是间接购买者或中介人。创业者的概念经历了一个逐步演变的过程。18世纪，著名经济学家理查德·坎蒂隆最早提出创业者是风险承担者。这一认识揭示了创业者的个体特质。坎蒂隆也因此被后人尊为创业者概念的奠基人。

很多文献中，将创业者称为企业家。实际上，企业家是成功的创业者。

经济学家坎蒂隆（Cantillon）最早将企业家概念引入经济学领域。他认为，企业家是承担风险以及分配利润的人。

熊彼特进一步阐释了企业家的概念，指出企业家是经济发展的带头人，所起作用在于创新，或"实现新的组合"。哈耶克（Friedrich August von Hayek）和柯兹纳（Israel M. Kirzner）则强调企业家在获取和使用信息方面的作用，认为企业家对利益机会很敏感，并且随时准备通过套利性的经营活动来利用这些机会。

经济学家认为，创业者是通过转变、创新和引入新秩序，将资源、劳动力、原材料和其他资产进行整合，产生更大的价值。

心理学家认为，创业者是典型的受某种力量驱动的人，这种力量包括获得一些事物的需求、进行试验的需求、独立完成的需求或摆脱其他权威的需求。

创业者就是创造性地将商业机会转变为经济实体，并扮演经济实体中组织、管理、控制、协调等关键角色的个人①。

综上所述，创业者是一类主导劳动方式的领导人，是具有使命、荣誉、责任感的人，具有思考、推理、判断能力的人，是组织、运用服务、技术、器物作业的人，是能使人追随并在追随的过程中获得利益的人，是具有完全权利能力和行为能力的人；同时，创业者也是指在高度不确定性的环境与资源约束条件下，识别机会，并迅速做出决策与行动，利用开发机会，创造商业价值的人。

(二)创业者的特质

创业者特质是指创业者特有的品质和特征组成的集合。创业特质论以奥尔波特 (Gordon Willard Allport)的特质论为理论基础，强调稳定、习惯化的反应方式和行为风格，是创业者独特性的表现。早期的创业研究大多聚焦于创业者特质。学者们试图识别创业者和非创业者之间不同的个体特质。

1. 创新

创新是创业精神的本质所在，因此，创业者是那些趋向于创新精神的人。他们能改变资源的产出，能运用新的方法迎接不同的挑战。

2. 高成就导向

创业者几乎无一例外都是目标导向型的行为个体，具有追求卓越的动力、强烈的事业心和坚定的信心，因而，他们能很自然地设定个人目标，并且确保成长以完成这些目标。

3. 独立

创业者是出了名的独立自主个体。他们大多数都高度地自我依赖，并且许多人偏向于独立工作来完成目标。

4. 掌控命运的意识

创业者很少把自己看作环境的受害者，他们认为自己能掌控自己的命运。这可能是由于他们具有把消极环境视为机会而不是威胁的思维取向。

5. 风险承担

风险和不确定性存在于创业的每个环节。有大量证据表明，创业者更能接受风险，敢于利用机会谋利，并且在寻找降低风险措施方面更具有创造性。风险承担被认为是一种稀缺的资源禀赋，是一般自然人普遍缺乏的素质，是创业者的独有特质。

---

① 刘帆.大学生 KAB 创业精讲[M].北京：知识产权出版社，2013：6.

6.对不确定性的包容

相比其他人，创业者对不确定因素更富有包容性。

(三)创业者和职业经理人的区别

创业者和职业经理人之间存在显著的差异(表2-1)。

表2-1　创业者与职业经理人的区别①

特征变量	创业者	职业经理人
雇佣关系①	雇主	受雇人
创业与否②	创业者(与所控制资源无关)	企业内创业
出资与否①	出资或继承出资	不出资
承担企业风险①	承担企业风险	与本人雇用契约有关的风险
所有权和控制权①	同时拥有	无所有权,有一定的控制权
担任企业主管与否①	担任	不一定担任
创新功能②	更强调	强调

注：①表示可以直接识别；②表示需要进一步识别。

两者最重要的区别是，创业者从事的是开拓性工作，通过创业活动，他们实现了从0到1的变化；职业经理人则侧重于经营性活动，按照程序和制度开展工作，他们将1变成10，将10变成100。

因此，创业者聚焦于发现机会和创造新事物，而职业经理人在维持现状的基础上，保持事物的持续发展和演进。其次，创业者承担财务风险，而职业经理人则不会承担此类风险。

二、创业者能力结构

创业能力是指在一定条件下，识别机会、追求机会、获取和整合资源并创造商业价值的能力。创业能力对行为个体是否选择创业具有显著的作用，是提高创业实践活动效率和创业成功的关键要素。创业能力主要涉及机会开发过程中，对资源的获取与整合能力。马恩将创业能力分为6个观测维度，分别是机会能力、关系能力、概念性能力、组织能力、战略能力和承诺能力[2]。在此基础上，唐靖等指出，创业能力还应包含机会识别与开发能力和运营管理能力[3]。

----

① 张玉利.创业管理[M].北京：机械工业出版社，2011：33.

② Man T W Y. Entrepreneurial competencies of SME owner / managers in the Hong Kong services sector：A qualitative analysis[J]. Journal of enterprising culture，2000，8(3)：235-254.

③ 唐靖，姜彦福.创业能力概念的理论构建及实证检验[J].科学与科学技术管理，2008 (8)：52-57.

综合相关研究资料，学者们普遍认为创业者的创业能力主要包括机会识别与开发能力、战略能力、组织和管理能力、关系能力、承诺能力等，其中承诺能力和机会识别与开发能力是行为个体完成创业者角色的最直接的能力[①]。

(一)机会识别与开发能力

机会识别能力是指洞察具有潜在商业价值的初始创意，并将识别出来的机会予以落实、作出与众不同决策的能力。正是由于这种识别能力的差异，当创业机会显现时，大部分人并不能够明显地感知，仅有少数人能够敏锐地洞察或发现。同样，基于这种机会开发能力的差异，使得发现机会后，只有少数人能迅速行动，开展创业活动。因此，对一个名副其实的创业者而言，最为核心的能力是识别、预见并利用机会的能力。成功创业者需要具备的最基本能力就是能够正确地识别和选择一瞬即逝的商机(Stevenson，1985)。事实上，机会识别能力不仅是创业过程开始的基础，而且也是企业成长的必要条件。强大的机会识别与开发能力，有利于发现更多的创新机会，选择更有竞争优势、突破性的创新方式，进而抢占企业发展的先机。

京东在2004年刚开始做的时候，第一个坚持的就是所有的商品都是正品行货，购买商品就开具发票。京东实行低价策略，通过规模的优化降低运营成本，将节省的成本让利给消费者。京东的服务也在不断地创新。京东解决了网络购物领域长期存在的大量问题，这就是该公司得以生存和快速发展的基础。

(二)人际沟通能力

新创企业的成功与否，关键在于创业者是否具备与其他人共同和谐工作的能力。在创建新企业的过程中，存在各种不确定因素。要与众多合作伙伴和谐交往，创业者的人际沟通能力至关重要。

(三)组织管理能力

组织管理能力是指为了有效地实现目标，灵活运用各种方法，把各种力量合理地组织和有效地协调起来的能力，包括协调关系的能力和善于用人的能力。组织管理能力是一个人的知识、素质等基础条件的外在综合表现。

(四)战略管理能力

战略管理能力是创业者根据新创企业内部与外部环境，制定企业发展战略并实施的能力。战略管理能力是新创企业赢得竞争优势的关键，可以帮助创业者制定合适的企业战略、培育企业的战略管理团队、通过选择适合于企业的商业运作模式等方式来实施战略。

---

① Chandler G N，Jansen E. The founder's self-assessed competence and venture performance [J]. Journal of business venturing，1992，7(3)：223-236.

(五)关系能力

关系能力有助于创业者获得更为有效的信息，从而突破自身局限去拓宽市场。具有较强关系能力的创业者，通常在创建新企业过程中能够妥善处理与公众（政府部门、新闻媒体、客户等）之间的关系，并能争取政府部门、工商部门、税务部门的支持与理解，善于团结各利益相关者，求同存异，协调发展，并通过政府关系的话语权及资源分配权来提高自身的市场认可程度。新创企业的生存和成长是不断建构、维持和治理外部交易网络的过程。创业者建立和拓展交易关系的目的在于资源获取和资源交换。因此，良好的关系能力是创业能够快速成长的关键，也是创业者取得成功的重要个体特质。

三、创业动机

(一)创业动机的内涵

创业动机是个体的一种意愿，这种意愿会影响创业者去发现机会、获取资源及开展创业活动。创业动机直接影响创业者的努力程度，即其愿意投入多少个体资源（包括禀赋资源与社会网络资源）去开展创业活动。

基本的创业动机包括三种：

1. 做自己的老板，并创建属于自己的企业；

2. 追求个人创意，当天生机敏的创业者认识到新产品或服务创意时，常常具有使创意变为现实的意愿；

3. 获得财务回报，改善个人与家庭的生活质量。

(二)创业动机产生的驱动因素

1. 直接因素

依据马斯洛的需求层次理论，当自然人的某一层次需求得到相对满足之后，更高一层次的需求才会成为主导需求，并最终形成优势动机，成为推动个体行为的主要动力。创业者的需求层次不同，由此产生的创业动机也存在差异。根据需求驱动的不同，创业可分为生存型创业和机会型创业。

2. 间接因素

创业者的需求层次还受诸多具有长远意义的宏观因素影响。这些因素包括社会保障、收入水平、个人特征等。社会保障和长期收入水平高低都可以提高或降低人们的需求层次。创业者的受教育水平、经验和经历的不同形成了创业者需求层次的多样化。多林格(Marc J. Dollinger)在《创业学：战略与资源》一书中提出了一个社会学分析框架，描述了动力因素与情境因素的协同作用对创业者作出创业决定的影响。

研究表明，驱动创业者做出创业决定的因素主要包括：不利境况触发的创业活动、成功创业者榜样力量点燃的创业活动、创业者不同寻常经历激发的创业活动和由情景感知催化的创业活动。

四、领导力

(一)领导力的内涵

领导力泛指建立愿景目标、激发他人自信心和热情、确保战略实施的能力，是一种较高层次的综合能力。领导力的本质是影响力。创业者的领导力主要表现在为新创立的公司设定目标、制定计划，建立一个高度自觉的、高绩效的工作团队，并能够将技术研发、市场开拓、财务管理等方面的不同人才凝聚在一起，形成协同优势，共同完成目标。

领导力是创业者素质的核心，能反映出创业者的个体素质、思维方式、实践经验及领导方法。创业者的领导力对企业成长非常重要。伴随着企业的发展壮大，创业者和管理者角色与技能的逐渐演变，创业者从直接控制每一个员工转变为控制手下的管理人员。他们不仅要规划企业的战略发展，还需要持续从事日常经营活动，进行各种专业化的规范管理。

通常，领导力可分为权力影响力与非权力影响力。

1. 权力影响力是来自正式组织的权力。

创业者是企业的创始人、法人，其身份、所处地位及拥有的权力(信息权、关照权、法定权、奖赏权、关联权、强制权)可以影响员工的工作岗位、收入、晋升、职业发展等，促使员工追随与服从。

2. 非权力影响力是源于自身的专长、技能、学识、人品的影响力

创业者是某一领域的专家或技术能手，能得到员工的一致认同，能影响员工，促使员工追随与服从。

(二)领导力的特征

1. 积极进取

积极进取的创业者具有雄心、抱负、精力、毅力和主动性。一般来看，创业者的进取欲望与企业的成长及创业成功率高度相关。

2. 权力欲望

成功的创业者不仅有进取精神，而且有领导的愿望、强烈的权力欲望。他们喜欢领导别人，而不想被人领导。强烈的权力欲望促使创业者试图去影响他人，并在领导过程中获得满足和收益。

3. 正直

正直的表现是言行一致，诚实可信。它除了是行为个体较重要的品格特征外，对创业者来说也是重要的领导力特质。

4. 自信

创业具有不可避免的挑战性。创业过程中难免会遇到挫折。自信是创业者克服困难，在不确定情况下敢于作出决策的领导力特征。创业者的自信表现为才智过人，能够解释大量错综复杂的信息，并且能逐渐将自信传递给他人。

(三)领导力的表现

新创企业过程中,创业者的领导力主要表现为:

1. 使每一个团队成员相信自己是组织中的重要一员,具有归属感;

2. 能有效消除创业团队成员的消极心理;

3. 能将企业目标与创业团队目标、团队成员个体目标有机结合,融为一体;

4. 能尽可能地避免或消除创业过程中的不良工作作风,为他人树立良好的榜样;

5. 善于反思创业过程的不足之处,从失败中汲取教训;

6. 能够公正而诚实地对待他人;

7. 善于在创业过程中不断地自我激励并激励、调动他人的工作热情,组建和谐创业团队。影响并激励创业团队成员的具体措施包括:

(1)表扬团队成员的良好工作表现,并让他们感受到自己被赏识,从而树立团队成员的信心和自尊心;

(2)告知所有团队成员需要完成的工作;

(3)奖励每一个值得鼓励的行为,促使团队成员重复类似的行为;

(4)做一个积极的倾听者并尊重他人的观点;

(5)设定创业过程中的每一个具体、明确、可衡量的工作目标并不断确认;

(6)不在公开场合批评团队成员,而是通过私下讨论来了解、纠正团队成员工作表现中的消极方面。

案例

优秀创业者的领导才华①

小米科技于 2010 年 4 月正式启动手机实名社区——米聊社区。该社区在推出半年内注册用户突破 300 万。2010 年 10 月,小米手机启动研发。2011 年 8 月 16 日研发完成,小米科技正式发布小米手机,自此开创了手机销售的狂潮。

目前我国手机市场竞争日益激烈,智能手机也逐渐发展成为主流。小米科技在如此短的时间内,在企业人员规模、产品销量、融资规模等方面获得如此惊人的成长速度离不开创始人的领导。

小米科技公司的创始人在创办小米科技公司前已取得出色的成就,并通过广泛的社会关系网物色和组建了小米科技公司的创业团队。事实上,小米科技公司创业团队成员是有着良好友谊并相互信任的业内同仁或朋友。创始人丰富的管理经验和领导力也为公司发展提供了重要支持。

对于一个新创企业来说,建立清晰的组织模式能够使大量的管理工作规范化、

---

① 徐万里,林文澄,陈艳萍.高科技企业创业团队的成功特质[J].科技和产业,2013(6).

标准化、程序化。好的管理制度也是留住人才的关键。因而，小米科技首先在组织架构上将"强专业弱管理"的理念制度化，建立宽松、扁平化的组织结构，没有严格的等级，每一位员工都是平等的，每一位同事都是自己的伙伴。他们崇尚创新、快速的互联网文化，拒绝冗长的会议和流程，喜欢在轻松的伙伴式工作氛围中发挥自己的创意。这使小米科技形成了轻松的伙伴氛围。在这种氛围下，团队成员彼此共享信息，组织中的人与人相互学习，从而不断产生新的知识，形成一种良性循环。

产品是企业各部门共同工作的结果。没有各个部门之间的互相作用和配合，就不可能有好的产品。因此，小米科技公司创业团队成员之间经常进行密切沟通。相关的营销人员、产品研究经理等经常被整合到一个团队，以小组形式进行跨部门沟通合作，对市场作出最快的反应。

小米公司实行透明化分配机制，采取物质激励与精神激励双管齐下的激励原则。小米公司为创业团队成员和普通员工提供了优于同行的薪酬和福利；在精神激励方面，小米时下的"为发烧而生"等口号无不彰显了管理者在精神和愿景激励方面的丰富经验。

思考题

1. 创业者与管理者有什么区别？
2. 你心中的创业偶像是谁？

实践训练

小组名称			
姓　名		学　号	
任务名称	画出心中的创业者		
任务描述	你认为个人需要具备哪些素质才能成为创业者？使用既定主题，讲述你的理解		
任务分工			
过程记录	总结出关键词：		
反　思			
增值评价			

学习笔记

姓　名：	学　号：
本节名称：	

▶ 第二节 创业团队

一、创业团队的内涵

单打独斗、演绎个人英雄式的传奇故事，还是组建团队、精诚合作共同创业？这是每一个创业者进行创业活动前必须经历的抉择。

创业团队是一种特殊的群体，是由两个或两个以上具有共同的创业理念、价值观和创业愿景，为了共同的创业目标团结合作、相互信任并共同承担创建新企业责任的人组建的工作团队。

调查表明，70%创业成功的企业，都有多名创始人。其中企业创始人在2～3人的占44%，4人的占17%，5人及以上的占9%。尤其是在高科技领域，团队创业比个体创业多得多。大量事实证明，选择合理的创业模式并组建卓有成效的创业团队，是创业成功的重要基础。创业工作的绩效评估显示，创业团队的工作绩效明显大于所有成员独立工作绩效之和。因此，没有团队的创业也许并不一定会失败，但要创建一个没有团队而具有高成长性的企业却极其困难[①]。

二、团队创业的优劣势分析

(一)团队创业的优势

著名心理学家荣格曾列出一个公式：I + We = Fully I。意思是说，一个人只有把自己融入集体中，才能最大限度地实现个人价值，绽放出完美绚丽的人生。当今经济社会中，创业已非纯粹追求个人英雄主义的行为。团队创业的成功概率要远高于个人的独立创业。与个体创业相比，团队创业具有多方面的优势，对创业成功起着举足轻重的作用。

团队创业的优势主要体现为以下几点。

1. 可以激发团结精神，增强灵活性，提高工作效率

团队成员受教育程度、工作经验以及社会关系网络等方面的多样性使其获取到的资源更加丰富、决策质量更高。

2. 创业团队工作绩效大于所有个体成员独立工作时的绩效之和

创业团队成员在创业初期把创建新企业作为共同努力的目标，在集体创新、分享认知、共担风险、协作进取的过程中，形成了特殊的情感；通过坦诚的意见沟通，创业团队成员形成了团队协作的行为风格，能够共同对拟创建的新企业负责，具备一定的团队凝聚力。工作群体绩效主要依赖于成员的个人贡献，而团队绩效则基于

---

① 邓汉慧. 组建有效创业团队的关键点[J]. 中国青年报，2013 (9).

每一个团队成员的不同角色和能力而尽力产生的乘数效应。

3. 团队创业能够使新创企业更好地适应内外环境的变化

团队创业能够使企业更迅速、更准确地对千变万化的市场做出反应；能够在企业内部建立合作、协调机制；能够适应市场需求多样化的要求，变大规模生产为灵活生产，变分工和等级制为合作与协作，发挥整体优势。

4. 团队创业有利于分散创业风险

创业团队成员之间的技能互补可以提高企业驾驭环境不确定性的能力，从而降低新创企业的失败风险。

5. 创业团队是高层管理团队的基础和最初组织形式

创业团队处在创建新企业的初期或小企业成长早期，团队成员往往被人们称之为元老。而高层管理团队则是创业团队组织形式的继续。虽然高层管理团队中既可能存在着部分创业时期的元老，也可能所有的创业元老都不在，但创业团队的管理风格将在很长一个时期内被高层管理团队传承。

(二)团队创业的劣势

创业实践表明，团队创业建立新企业的失败率远低于个人创办企业的失败率，因此，团队共同创业要比个人创业的风险小得多。这也是风险投资者总是倾向于把资金投给团队创业的重要原因之一。但团队创业有以下不利因素。

1. 收益分享冲突

在创业初期若没有制定明确的利润分配方案，随着企业的发展和利润的增加，团队成员会因为利润分配而发生争执。团队创业必然会稀释新创企业的所有权。常规情况下，除非股份的接受者能作出实质性贡献，否则给出股权就是不明智的。对于非直接投资者，即便是基于股权，直接分配股权的效果也远不及期权。

2. 创业团队成员的经营理念与经营方式不一致，思想无法统一

当一些团队成员不认可新创企业的目标和经营策略时，团队成员之间就会发生价值观冲突，这往往会引起创业团队解散，进而引发企业经营的巨大风险。

3. 情感冲突

创业团队成员之间的个性与兴趣不和，可能出现磨合问题，并因此难以正常开展创业活动。

4. 团队创业有可能导致创业决策缓慢

团队创业可能影响创业团队对于一些稍纵即逝的市场机遇的把握。此外，随着新创业企业的发展，企业管理幅度与管理层次发生变化，也可能导致决策迟缓，从而使创新性受到压制。

5. 团队成员之间权力及责任不平等的负面效应

虽然理论上来看，创业团队中每个创业者是平等的，但团队成员的个体资源禀赋及所担负的责任不同决定了成员间权力、责任、甚至利益的不平等，这有可能导致某些人产生离开团队的想法。

6.请神容易送神难

组建创业团队时创业发起人请来某人，以股份许诺，期待他能对新创企业作出较大贡献。但如果他没有达到预期的业绩，甚至根本不可能实现事先的承诺，只要他预期这个企业是有前景的，就可能赖着不走。在这种情况下，就很难将他送出新创企业，甚至难以收回创业之初给予的股份。这就必然会影响新创企业未来的运营与发展。

案例

合伙创业：利益分配要"丑话说前面"

在创业圈里流传着一个真实的故事：几兄弟合伙创业，打造了红极一时的某馍品牌，事业如火如荼。但在该项目成功登上CCTV及各种网络媒体之际，却爆出合伙人之间出现分歧与股权纠纷。一个生机勃勃的创业项目瞬间分崩离析。

"熟人不要合伙开公司。"这句电影《中国合伙人》里的论断，被现实案例再次验证。

"其实创业者要明白，合伙人最深层次的关系是利益关系。"在商界流行着一句话，即"没有永恒的朋友，只有永恒的利益"。话丑理端，理清楚这个关系，会简单很多。在创业的过程中，合伙人之间的利益分配与权力分配等问题，一定要"丑话说在前面"。

"关系再好的合伙人，最终都会落到一个'利'字上。"跟钱有关的事情一定要摆在台面上一条一条说清楚，包括股权分配、利益分成、决策权力等，这些必须事先说明并且落实在白纸黑字上。初创团队最不应该把问题放在"以后再说"。即使是小问题，也会给未来埋下隐患，并且会在团队强大的时候变成一个大问题。

三、创业团队的组建

依据不同逻辑组建创业团队既可能带来优势，也可能带来障碍，为后续创业活动带来潜在的影响。一般来说，创业团队需要经历"生存下来→成功转型→规范建设"这个充满艰险的过程。大多数创业团队都没有生存下来并成功转型，而成功转型的企业无疑都成功地建立了成熟的企业制度。在这个"惊险的一跃"中，只有高质量的团队，才能为企业成长积累经验和人才，奠定良好的基础。在此过程中，需要遵循团队组建的原则。

(一)团队组建的共同志向原则

志向原则是指创业团队成员具有共同的创业理念、创业愿景，彼此相互信任。

一个优秀的创业团队都有自己的核心理念和愿景。愿景将告诉社会"我们(企业)将成为什么"。一个明晰的愿景是对企业内外的一种宏伟承诺，使人们可以预见达成愿景后的收益。创业团队应在创建初期召集所有成员，共同商讨新创企业的发展方向，制定详细的规划目标，形成一致的创业理念和共同的价值观，并且在企业发展过程中，始终坚定不移地朝着既定的目标努力，不断完善和巩固团队的共同理念，提高团队的凝聚力。

1. 为了形成共同理念，创业团队需要关注四大基本要求

（1）积极面对所有事务，包括机遇与危机，培养抵抗挫折的良好心理素质。面对一切问题应先从自身找原因，不相互抱怨，不怨天尤人；

（2）认真做事、踏实做人。任何一个人的成功都是从细节、从小事做起的。团队成员要学会从自身做起，做好本职工作；

（3）了解自己，认识他人，尊重别人的生活习惯和工作方式，善于协作；

（4）于无形中迅速提升工作效率，具备团队协作精神。培养积极的团队文化。

2. 创业团队防止不信任的有效途径

创业团队内部只有形成了基于文化认同和道德认同的互尊、互信、互爱、互惠的互动关系，才有可能步入成功的良性循环。建立和维护创业团队成员之间的信任，防止信任转变为不信任是提高团队凝聚力的关键。信任是一种非常脆弱的心理状态，一旦产生裂痕就可能很难恢复。要消除不信任及其带来的影响往往要付出巨大代价。所以，防止不信任比增强信任更加重要。

（1）选择正确的人才。创业团队的组建不是仅以个人的能力或技能为参考，而要重点考查个人素质。人的职业技能或专业技能能够不断提升，但是个性、品德等隐性的素质很难改变。因此，组建初期创业团队应对团队成员进行评价，确认该成员是否适合整个团队的发展需求，是否能与整个团队建立起统一的价值观和行为目标。

（2）考评每个成员的表现。团队成员应把团队的利益与个人利益挂钩，把企业目标看成团队的共同目标，共同制定目标，定期向团队通报完成情况。这样每个成员就能够清楚自己得到了什么，还需要做什么。

（3）充分调动团队成员的积极性。团队成员应自觉地肩负责任。应使每个成员具有团队成就感和荣誉感。

（4）了解团队成员的需求，建立信任，树立关心意识，满足成员的合理需求。

（二）团队组建的利益原则

股份或期权激励。组建创业团队过程中，无论是对于个体还是整体，利益分配至关重要。为了聚合人才，一般会采取给予特殊人才股份或期权的做法。这样做的好处是能以较低成本获得最忠实的员工，推动创业成功。给予股份是指通过评价行为个体能给创业带来的具体价值，并比照企业规模总体价值，给予其一定的股份。但这个股份不是原始资金股，而是需要一定条件和周期才能取得的原始出资人的股东权益。例如，软件公司需要技术骨干，就可以通过给予一定股份来招募胜任的人才。期权一般是即将上市公司的普遍做法，其操作更为复杂一些，但原理相同。

团队利益高于个人利益。博雅天下传播机构总裁荣波认为，股权分布是企业健

康成长的基因。奇虎公司董事长周鸿祎指出，不管团队强弱，都不要把股票分完。再强的团队，也要留 15％～20％ 的池子，团队弱一些，就要留下 40％ 甚至 50％ 的池子才行[①]。这样做的好处在于，日后如果有更强的人进入团队，或是个人的贡献与所获取的股权不一致时，就可以从"大锅里"给贡献多的人多分配一些。因此，需要按照贡献决定权利的原则来分配股权，并遵循控制权与决策权的统一原则。

(三)团队组建的互补原则

创业团队成员的异质性和互补性对于创业团队和新创企业取得高绩效具有十分重要的意义。互补性的创业团队成员可以贡献差异化的知识、技能、能力、资金及关系等各类创业资源，这些资源能够帮助新创企业更好地克服创新的风险和资源的约束。一个企业的快速成长，不仅取决于总裁的个体资源禀赋、行为和背景，也取决于全体高层执行团队成员的个性、行为和经验，以及他们合作共事所发挥的优势。因此，在创业团队的成员选择上，必须充分注意人员的知识结构，使技术、管理、市场、销售等人员合理配备，充分发挥个体的知识和经验优势。此外，企业在不同阶段对人才有不同的需求。对于种子期的项目，团队构成往往是以技术人员为主；对于发展扩张期的项目，则需要技术和市场开拓并重；而对于成熟期和规模较大的企业，必须加大管理人才的权重。

大学生创业团队组建的特点[②]

对大学生新创企业的调查表明，大学生组建创业团队时，成员组成结构通常有三种方式。

第一种，大学生＋大学生模式。该类创业团队依托于校园资源，积极向校外扩展。成功率与发展趋势很大程度上取决于团队内部的人员分工。

第二种，大学生＋就业人士模式。该类创业团队既能得到一定的政策优惠，又具有相当的社会经验，具有较大的发展潜力。

第三种，就业人士＋就业人士模式。该类团队具有丰富的实践经验与创业资源，创业成功率较高。

调查中发现：大学生创业企业以大学生＋就业人士合作的模式居多，占 45％，就业人士＋就业人士模式占 30％，而大学生＋大学生的模式占比最小，仅为 25％。访谈中创业者认为，60％ 以上的创业活动都是以团队形式开展，团队创业的绩效要比个体创业更高。事实上，只要创业团队与创业项目、拥有的资源及其所处的行业匹配，选择哪种创业团队的组建方式都是可行的。

但是，调查也发现，创业团队很难保持不变，82％ 的创业团队的核心成员会离开企业。其主要原因及占比是：个人规划和企业发展冲突，占 40％；利益分配不

---

① 王艳茹，王兵.创业基础课堂操作示范[M].北京：北京师范大学出版社，2014：79.

② 邓汉慧.组建有效创业团队的关键点[J].中国青年报，2013(9).

均，占 30%；内部人员分歧和管理结构调整，分别占 18% 和 12%。

大多数大学生创业团队因不能很好地处理团队成员之间的分工和利益分配，导致核心成员离开。离开企业的核心成员会给企业带来巨大的损失，他们不仅带走了企业的核心技术，而且会带走优秀的员工，未来会成为企业的竞争对手。

为什么会出现这种现象？

最重要的原因首先在于团队缺乏核心领军人物。

大学生创业团队组建时经常会忽视团队领军人物的个人创业素质与能力。多数情况下，大学生创业团队以出资多、年龄长、关系近或者最早识别到商机的发起人为创业团队领军人物。这种方式过于简单，过于依赖情感关系，常会导致企业在成长过程中遇到重大问题时，没有核心人物能够迅速作出决策，凝聚团队成员共识，并带领团队走出困境。

团队领军人物需要有胸怀和魅力，能将团队利益放在第一位，能与真正有贡献的人分享财富，信任并给予团队成员适当的权责，能妥善处理各种权力和利益关系，了解团队成员的需求，识别并尊重团队成员之间的差异，制定合理的团队管理规则，并尽可能地量化所有指标。

俞敏洪为我们做了很好的榜样。1995 年，在新东方学校经历了 3 年的艰苦创业之后，俞敏洪决定把事业做大，于是他邀请徐小平、王强、包凡一、胡敏等加盟新东方。团队成员之间分工明确，利益分配制度合理。新东方开始了迅速发展的第二个黄金时期。

其次，许多大学生创业团队成员缺乏优势互补。

互补性的创业团队成员可以贡献差异化的知识、技能、能力、资金及关系等各类创业资源，这些资源能够帮助新创企业更好地抵御创新的风险和突破资源的约束。企业快速成长，不仅取决于总裁的个性、行为和背景，也取决于全体高层执行团队成员的个性、行为和经验，以及他们合作共事所发挥的优势。

许多大学生创业团队成员来自同一专业领域，或者同校，或者同班。虽然他们志同道合，相互之间更加了解、信任，但是，他们拥有的知识、技能和经验相似，不利于企业获取更广泛的创业资源（如资金、人脉等），不利于企业成长。

案例

创业团队的最佳组合

腾讯创业团队堪称标榜。马化腾与同学张志东合资注册了深圳腾讯计算机系统有限公司。随后公司又吸纳了三位股东：曾李青、许晨晔、陈一丹。为避免彼此争夺权力，马化腾在创立腾讯之初就和四个伙伴约定清楚：各展所长、各管一摊。马化腾是 CEO（首席执行官），张志东是 CTO（首席技术官），曾李青是 COO（首席运营官），许晨晔是 CIO（首席信息官），陈一丹是 CAO（首席行政官）。五人团结协作，不离不弃。直到如今，其中四人还在公司一线，只有COO曾李青退休。都说一山不容二虎，在企业迅速壮大的过程中，要保持创始人团队的稳定合作尤其不易。工程师出身的马化腾在一开始对于合作框架的理性设计十分成功。

从股份构成上看，5个人一共凑了50万元，其中马化腾出了23.75万元，占了47.5%的股份；张志东出了10万元，占20%；曾李青出了6.25万元，占12.5%的股份；其他两人各出5万元，各占10%的股份。虽然主要资金是马化腾所出，他却自愿把所占的股份降到一半以下——47.5%。"要他们的总和比我多一点点，不要形成一种垄断、独裁的局面。"同时，他坚持出主要的资金，占大股。"如果没有一个主心骨，股份大家平分，到时候也肯定会出问题。"

保持稳定的另一个关键在于搭档之间的合理组合。《中国互联网史》作者林军回忆说："马化腾非常聪明，但非常固执，注重用户体验，愿意从普通用户的角度去看产品。张志东是脑袋非常活跃，对技术很沉迷的一个人。马化腾技术上也非常好，但是他的长处是能够把很多事情简单化，而张志东能把一件事情做得更完美。"许晨晔和马化腾、张志东同为深圳大学计算机系的同学，是一个非常随和、有自己的观点但不轻易表达的人，是有名的"好好先生"。陈一丹是马化腾在深圳中学时的同学，后来也就读深圳大学，他十分严谨，同时又非常张扬，能在不同的状态下激起大家的激情。曾李青是腾讯五位创始人中最好玩、最开放、最具激情和感召力的一个。与温和的马化腾和爱好技术的张志东相比，他属于另一种类型，比马化腾更具有攻击性，更像是拿主意的人。

案例启示：一个优秀的创业团队，需要一个能带领团队不断走向成功的领导；同时，在团队成员构成上，如果能在技能、知识和能力方面形成互补，那么创业团队就能实现整体大于部分之和的高效率；创业团队的社会关系在某种程度上意味着创业团队获取资源的能力，这在企业创立与发展时十分重要。这些经验在创业团队组建初期，为创业者物色和挑选创业伙伴提供了重要启示。

四、创业团队的管理策略

（一）创业团队管理的五要素

创业团队管理的重点，是在维持团队稳定的前提下，尽可能发挥团队成员多样性优势。创业团队管理需要具备五个重要的要素（简称为5P）：目标、人员、定位、职权和计划。

1. 目标设定

创业团队应该设定一个共同的目标，为团队成员导航。

2. 人员

在一个创业团队中，人力资源是所有创业资源中最活跃、最重要的资源。应充分调动创业者的各种资源和能力，将人力资源转化为人力资本。目标是由人员来实现的，所以，人员的选择是创业团队建设中非常重要的一环。在一个团队中可能需要有人出主意，有人定计划，有人负责实施，有人协调不同的人在一起工作，还有人监督创业团队工作的进展、评价创业团队的最终贡献。不同的人分工协作，共同完成创业团队的目标。在人员选择方面，要考虑人员的能力、人员的经验及技能是否互补。

3. 定位

定位蕴含两层意义。其一是创业团队的定位，即创业团队在企业中处于什么位置，由谁选择团队成员，创业团队最终应对谁负责；其二是行为个体（创业者）的定位，即各成员在创业团队的角色，是制订计划还是具体实施或评估，是共同出资、委派某个人参与管理，还是共同出资、共同参与管理，或共同出资、聘请第三方（职业经理人）管理。这体现在创业实体的组织形式上，表现为合伙企业或公司制企业。

4. 职权

创业团队中领导人的权力大小与团队发展阶段和创业实体所在的行业相关。一般而言，创业团队越成熟，领导者所拥有的权力就越小。在创业团队发展的初期，领导权相对比较集中。

5. 计划

计划是达到目标的具体工作程序。按计划行动，可以保证创业的顺利开展。依照计划执行任务，创业团队才会一步一步地贴近目标，最终实现目标。

在创业团队形成和发展的不同阶段，5P 因素有不同的特点。详见表 2 - 2。

表 2 - 2　创业团队的管理要素①

要素	形成	规范	震荡	成熟
定位	主要是根据项目类型，寻找必需的创业核心人员，一般是管理、技术、产品、销售、融资（财务）几个方面的互补性人才，可优先考虑熟悉的人	建立各种管理规范，形成稳定的制约机制	经营一段时间后，应对公司和个别成员出现的问题	在企业发展新阶段，为企业新的发展储备人才
职权	宜根据特长与职能进行初步划分，在磨合中进行微调	划分清晰，形成组织架构	根据情况，进行权责调整	制定新组织架构，建立新发展格局
目标	快速确定企业经营的关键人才，为企业快速起步做好准备	提高绩效，提升团队作战能力	应对各种可能出现的大问题	为企业更好地发展做好准备
计划	根据情况，确定目标后，作出计划	根据经营情况制定管理计划	确定人员调整计划	制定人员长远发展规划
人员	核心团队，人员不多，可忽略	确定长期合作者，做好沟通	稳定现有成员，通过各种渠道寻求新的合作伙伴	建立创业团队层次与大团队建设

① 陈文彬，吴恒春．创业实务教程［M］．广州：暨南大学出版社，2010：140 - 141.

(二)创业团队中领导者的行为策略

1. 在不同阶段采取不同措施

在形成期,团队共同的目标、成员之间的关系和共同规范尚未形成,此时领导者的核心任务是使各成员快速融入团队,让团队成员明白个人的目标和团队目标是相互依存的。在凝聚期,公司主要的决策与问题仍需要领导的指示。此时领导的管理内容是挑选核心成员,培养核心成员的能力,建立更广泛的授权与更清晰的权责划分。在开放期,允许成员提出不同的意见与看法,领导者制定的目标转变为团队成员的共同愿景。此时管理的主要内容是培养团队的自主能力。在成熟期,团队爆发出前所未有的潜能,创造出非凡的成果,并且获得很高的客户满意度。此时的管理内容是保持成长的动力。

2. 维护团队的意识

团队是企业凝聚力的基础,成败是团体的而非个人的。如果团队成员能够同甘共苦,经营成果能够公开且合理地分享,团队就会形成强大的凝聚力。团队中每一位成员的价值表现都为团队的整体价值贡献力量。每一位成员都应将团队利益置于个人利益之上。个人利益是建立在团队利益基础上的,因此团队成员必须愿意牺牲短期利益来换取长期利益,不计较当下的待遇。这样的团队是不可能不成功的。团队领导应该在创业的整个过程中贯彻团队意识与集体合作的精神,提高团队的凝聚力,这也是提高创业绩效的基本保证。

3. 培养成员间的融洽关系

创业团队领导者应该将团队打造成互信互赖的高效整体。因此,领导者必须积极地与团队成员进行良好的沟通并且处理好成员之间的矛盾,多为团队成员着想,培养成员间的融洽关系,帮助团队拥有抵御创业风险的能力。

4. 及时解决成员间的矛盾

作为团队领导者,必须及时认识到团队内部的矛盾,并且找出产生矛盾或冲突的原因,从而合理地解决问题。如果处理得当,还可能提高团队绩效。领导者应该对矛盾和冲突作出正确的判断和调解。

一般说来,冲突按其性质可以分为两大类。一类是恶性冲突,也可以称为破坏性冲突,主要是由于冲突双方的目的和途径不一致所致。此类冲突所带来的后果往往是具有破坏性的。持不同意见的双方缺乏统一的既定目标,过多地纠缠于细枝末节。此类冲突是团队内耗的主要原因,严重时还可能导致团队的分裂甚至解体。这类冲突是管理层应当尽量避免的。另一类冲突是建设性冲突或良性冲突,指冲突双方的目标一致,在一定范围内有争执。良性冲突的主要特点是冲突双方有共同的奋斗目标,在了解了对方的观点和意见后,通过辩论互相交换信息,最终达成一致。这类冲突对于创业团队目标的实现是有利的,应当加以鼓励和适当引导。GE公司前任总裁杰克·韦尔奇(Jack Welch)在团队建设的过程中就十分重视发挥建设性冲突的积极作用。他认为建设性冲突是团队合作成功的必备要素。团队成员必须反对盲目的服从。每一位员工都应有表达反对意见的自由和自信。各成员应共同参与对事件的讨论，尊重不同的意见。韦尔奇称此为建设性冲突的开放式辩论风格。

案例

在校大学生组建创业团队的案例

怎样的创业团队效率最高？如何管理团队以保持团队效率？

中南财经政法大学的创业先锋陈先生和黄先生在他们创业的初期遇到了很多关于组建和管理创业团队的问题。如何选才、如何管才成为摆在他们面前的一道难题。经过不断地摸索之后，他们成功实现了选才、育才和用才，带领自己的公司不断走向成功。

兴趣＋"师傅＋徒弟"

创业项目："PPT 定制＋翡翠精准营销"

(1)团队成员的招募：以兴趣为结合点，陈先生通过开展公益 PPT 讲座，网罗高校内喜欢做直观类型 PPT 的大学生，并将他们聚集在一起。对于团队成员而言，设计 PPT 既是创业，又是发展兴趣，也是学习，还是交友。每个 PPT 设计师同时也是翡翠(公司另一业务)的分销商。

(2)创业团队的管理：一些优秀的设计师因为年龄等问题，被调升至管理岗，还有一些优秀设计师可能跳槽，这就容易出现设计师断层。因此，公司要重视培养新人，以"师傅＋徒弟"的方式，保证技术梯队的稳定，为公司长远发展奠定基础。公司培养新人的方式是手把手教学。团队领导者每周组织 3 次培训，将往期制作的案例逐一进行拆分，梳理逻辑、排版、动画制作的套路。

要的就是优秀的你

公司简介：黄先生创建武汉追忆那年网络科技公司，旨在为亲密关系的人打造一个线上移动的家。2015 年 8 月，公司与武汉天使翼创业服务有限公司签订深度创业辅导合同；同年 10 月研发第一版"忆年"产品并进入新媒体推广期；直至目前，公司已获得武汉天使翼创业服务有限公司的天使轮投资和赛马资本董事合伙人的投资，完成了"忆年"2.0 版本上线工作并获得 20 万以上的下载用户。

组建和管理创业团队的做法：

(1)寻找最优秀的同行者。

两位联合创始人在此之前均有创业经历，目前两人分别担任武汉市追忆那年网络科技有限公司总裁和首席运营官。公司团队始终秉承打破单一的理念，创业团队不局限于校内大学生，还吸纳了其他优秀的社会在职人员。这种多元化的人才选拔模式为公司发展提供了人才支持。要做最优秀的产品就需要最优秀的团队。技术研发团队吸引了来自华为、微软等知名公司人才的加入；产品制作团队吸引了国内知名电商公司产品总监的加入；公司运营团队吸引了来自腾讯、阿里巴巴等知名互联网公司人才的加入。同时公司还获得了原北极光创投投资总监和赛马资本董事合伙人的投资。

（2）共同构筑一个未来

只有真正理解忆年的人，才能跟忆年一起走下去，一年又一年。忆年创始人确保每一位团队成员都能够理解忆年现在在做什么，未来要做什么，忆年的出现与成长对社会大众意味着什么，忆年的价值在哪里，及忆年为亲密关系的人打造一个线上移动的家的愿景。忆年想要去为用户搭建一个线上的私属空间，即使用户各家庭成员彼此天各一方，他们也永远有一个手机上移动的家，里面有他们的全部印记（照片、视频等）。忆年，让亲密有图有据。

（3）勇敢做不容易的事

做好一件事从来都不容易。公司创始人在团队成立初期便有意识地在工作中让团队成员感受到创业的氛围，让每一位成员铭记创业者的身份，以创业者的要求进行自我约束。在忆年，加班既是团队成员自发的行为，也是创始人认可的工作常态；在忆年，每一位成员既各司其职，又随时待命为其他成员服务；在忆年，快速成长、快速适应才能避免被市场淘汰。正是这种紧迫感使得团队成员真切地感受到创业的不易，从而更加团结地为公司的发展而努力。

（4）向前走比什么都重要

向前走，比什么都重要。公司的研发团队及运营团队坚持每半个月确定一次工作计划，每半年确定一次下一步的工作目标。忆年要求团队成员即使在高压下也要作出实实在在的成绩，用实力证明自己的能力。对于创业公司，时间就是生命。设立目标，用实力带领忆年向前走是对每一位团队成员的要求。忆年创始人为团队成员植入使命感，激励各成员不断突破，不断前行。

五、创业团队的股权设计

股权设计是指将适当的股权分配给合适的创业者的安排和规划。股权分配，又称所有权分配。科学合理地分配股权，建立利益分配机制，实现利益共享，是维护创业团队长期稳定的重要举措。通过分配股份把成员的利益同团队的利益联系起来，能激发各成员的能动性，促使团队成员为团队的长期利益考虑，使每个成员的利益长期化，同时也能避免和减少不必要的矛盾。

组建创业团队，最核心的还是利益分配。如何合理地分配股权是一个非常重要且需认真思考的问题。若给予股权太低，则无法激发创业团队成员的能动性。若给予股权太高，则团队成员犯错误的成本就会很大。

从所有权的角度来说，股权意味着对企业财产的拥有量。公司法规定，按出资的比例分配股权，按出资比例行使表决权，在股东大会上表决时，实行一票一股。这里所说的出资不仅包含货币出资，还包含以实物、知识产权、土地使用权等可以用货币估价并可以依法转让的非货币财产作价的出资。在股东大会上，所有权、表决权、分红权是 1∶1∶1 的关系。股份大小代表股权拥有者在公司中说话的分量，也代表着股东的分红量。在通常情况下，所有权和表决权是统一的。有些问题的决策是董事会的职权范围。董事会进行表决时，不需要提交股东大会，实行一人一票制。小型创业团队，可以采用灵活的股权计划。有时在特殊情况下，可以将所有权和表决权分离。

因每个公司的情况不同，所以创始人股权分配并不存在最优方案，也没有标准答案。但是，这其中有一个隐形标准，即每个联合创始人都要对股权分配方案满意。

马化腾创立腾讯之初，就和 4 个伙伴约定清楚，各展所长、各管一摊。虽然马化腾提供了主要资金，但为了避免日后出现垄断与独裁的局面，他自愿把所占股份降到一半以下。如此设计能使创业团队能在维持张力的同时保持和谐。创业团队中没有人能够独断专行，这就保证了讨论与沟通的空间。直到现在，腾讯创业团队的 5 个伙伴仍不离不弃。

案例

火锅店三剑客分股权的启示

A 是个厨师，拥有独家祖传火锅制作秘方。他做的火锅让人吃了一次想吃第二次，令人念念不忘。

B 钱多而且熟悉各种工商流程，愿意提供大部分的启动资金和负责初期的开店注册手续。

C 是个年轻 IT 小伙，想用互联网思维来为餐饮业创造更可观的利润。他懂 IT 技术，会做微信平台开发，也提出了一个全新的商业模式，听起来前景诱人。

三个人都没有什么运营餐饮行业的经验和经历，决定开店后共同经营管理。三人针对股权分配的问题展开了讨论。

A 说："开餐饮没什么壁垒，人人都能做，但味道好坏是吸引顾客的第一要素，所以厨师的手艺是很重要的。"B 和 C 都同意。

B 说："没错，厨师的手艺是很重要，不过光有手艺也不能把我们的事业做起来。开店需要一大笔启动资金，再说咱一起做这事不也是为了赚钱。所以一开始的资金投入也是非常重要的。"A 和 C 没有表示异议。

C 说："光满足以上两点可能只是小打小闹，不仅累也赚不到大钱。我提出的这套商业模式结合好的推广，一定能帮我们提高营业收入！"

A 和 B 琢磨了下，觉得这个新模式谁都没有去验证过，风险很大，运营方面 C 也没有丰富的经验，于是跟 C 说："这样好了，我们暂时认可如果能按你预想的那样，我们可以得到更多的营收。但这事也没个准，等我们做起来之后，发现你的方法确实有效果、带来了额外的营收和利润，再给你兑现这部分股权。你这部分贡献是预期的，所以相应部分现在你先拿期权好了。"C 是个通情达理的人，觉得于情于理这样做都会比较合适。

经过一番友好的商讨之后，他们结合餐饮这个行业的实际情况，把100%的权重分为手艺25%，合伙人出资55%，商业模式和运营20%三个部分。然后A、B、C三人各自对这三项进行打分，以0~5分为标准，以下为他们最后商讨的结果，见表2-3。

表2-3　股权权重打分统计表

人员	手艺25%	出资55%	运营20%	总股权
A	5	2	1	37.1%
B	0	5	2	39.4%
C	1	1	5	23.5%

接下来他们还约定了与权力相对应的职责和义务。

对应股权相应的责任为：A主要负责调料制作和烹制，需要C帮忙；在出资上，A、B、C出资比例为2：5：1；运营上，A会偶尔帮忙，B也会费点心来操作运营，C主要负责运营并且承诺一年以后自己提出的模式能初见成效，而且大概约定了一个营业额，未达到目标则酌情稀释相应部分的股权，同时他提出A也要保证自己的手艺能得到顾客的认可，可以招揽很多回头客才能兑现相应部分股权。

最后他们细化了每个人的权益和责任，并提出了可考量的指标，分别以三个月、六个月和一年为期限，逐步兑现相应的股东权益。最终三个小伙伴在愉快而友好的氛围下完成股权和责任的分割，此后戮力同心，共同为事业努力奋斗。

案例启示：

可操作的分股流程如下。

1. 对贡献元素进行分类，比如资金、运营、技术、资源等等，然后根据团队的情况，确定每个类别的权重。

2. 所有成员梳理自己已作出的贡献和未来可能作出的贡献，列出来放入相应的大类，然后给予每个贡献元素相应的权重比例。

3. 接下来对照着每个贡献元素小项，逐项给每个人打分，以0~5分计。把已经落实的贡献项目用蓝色标记，承诺可以作出的贡献项目用红色标记。

4. 加权统计每个人的股权。

5. 量化那些承诺要作出的贡献，约定考察期限，起草并签订书面协议。

6. 在约定期到时检查承诺，并对股权进行微调，或分配或进入期权池。

根据上述案例分析，创业团队在进行股权设计时需要重点关注以下问题。

1. 有可信可靠的创业团队领导

企业股权架构设计的核心是创业团队领导的股权设计。创业团队领导不明确，企业股权就无法分配。新创企业，要么一开始就有确定的创业团队领导，要么通过磨合最后选定一位团队领导。很多公司的股权战争就是因为创业团队领导的不确定导致的。

企业有确定的团队领导，并不代表领导专制。苹果、微软、Google、BAT、小米等企业都有确定的团队领导。团队领导不控股时，这些企业都通过 AB 股计划、事业合伙人制等确保团队领导对公司的控制力。创业团队在决策上，可以采取民主协商的形式，但在意见有分歧时必须集中决策，一锤定音。

2. 股份杜绝平均和拖延分配

创业团队的股权分配绝对不能搞平均主义。很多时候，创始人不愿意谈论股权分配问题，因为这个话题不容易启齿，所以他们要么完全回避这个问题，要么说得含糊不清。创始人普遍会犯的错误是，没有在创业第一天就把股份的分配问题谈清楚，并写下来。随着时间的推移，每个人都觉得自己是项目成功必不可少的功臣，关于股权分配的讨论就会变得越来越难以进行。因此，应尽早进行股权分配的讨论并达成共识。

3. 股份绑定，分期兑现

仅仅达成股份分配的共识还不够。如果一个创始人拿了很多股份，但后来贡献少怎么办？如果有人中途离开公司，他的这部分股份应如何处置？在美国，初创企业一般对创始股东的股票都有相应的股权绑定（Vesting）机制。公司股权按照创始人在公司工作的年数或月数逐步兑现。任何创始股东都必须在公司工作至少 1 年才可持有股份（包括创始人）。好的股份绑定计划一般按 4～5 年期执行，例如 4 年期股份绑定，第一年兑现 25%，接下来每年兑现 25%。股权绑定可以有效避免合伙人之间可能出现的股份分配不公平的情况。

4. 遵守契约精神

股权分配中最核心的原则是契约精神。对创业团队的所有成员而言，股权比例一旦确定，也就意味着利益分配机制的确定。在契约精神的约束下，尽自己的最大努力是对创业团队成员的基本要求。事实上，所有早期创业者需要清楚一个道理，一旦创业获得成功，即使拥有 1% 的股份也将获得优厚的回报；若创业失败，就是拥有 100% 的股份也分文不值。

思考题

1. 你认为成功的创业团队有哪些特征？
2. 你了解哪些成功的创业团队？

实践训练

小组名称			
姓　名		学　号	
任务名称	团队活动反思		
任务描述	根据今天课程，个人完成以下内容：		
任务分工			

过程记录	序号	问题	反思
	1	在团队中，我最突出的技能是	
	2	在团队中，我能更好掌握的技能是	
	3	团队成员认为我最好的表现是	
	4	我认为最优秀的团队成员是	
	5	我做的较多的事是	
	6	我可以做的更多的事是	
	7	团队成员明显发现我的表现	
	序号	问题	反思
	1	我觉得活动中最有收获的部分是	
	2	如果有机会我能以不同方式完成的部分是	
	3	当……时，我觉得最不确定	
	4	当……时，我感觉最放松	
	5	当……时，我感觉很焦虑	
	6	当……时，我觉得尴尬	
	7	我对……感到满意	
	8	我可以换一种说法去表达的是……	

反　思	
增值评价	

学习笔记

姓　名：	学　号：
本节名称：	

第三章 创业机会

学习目标

❖ 了解创新、创意和创业机会的联系和区别。
❖ 认识创业机会的概念、来源和类型。
❖ 熟悉创业机会识别的一般步骤与影响因素。
❖ 掌握创业机会评价的方法。

案例导入

返乡创业，带领村民共致富

90后小伙向某，是2017届毕业生。2017年，向某获得某大学"成功创业优秀毕业生"称号，这也成为他开拓养鸡事业的起点。

就读时，向某积极参加各类创业活动与讲座，加入了学院的创客朋辈联盟，得到了很多导师的悉心指导和帮助。同时在这个时期，他开始筹划创立自己的创业社团。他抓住机会，将自己创办的公益创业社团——学校绿茵社及松江七校环保社团"同绿联盟"不断做大做强。他还积极投身于公益事业，2014年，他为江西贫困儿童筹得1500元现金和2000余元教育物资，通过上海某大学云端公益社团发放给江西贫困儿童；2015年暑假，他为四川省大凉山贫困地区儿童筹得7000余元教育物资，并联合西南交通大学学生一起亲赴大凉山美姑县进行实地教育和探索调研。

上大学期间，细心的向某发现，上海人为了买到纯正的土鸡蛋，会大费周折跨省找亲戚帮忙。毕业后，向某放弃大城市的高薪工作，回到老家开办养鸡场。他选择被列入国家地方鸡遗传资源目录的剑门关土鸡主打品种——广元灰鸡，在山地散养。"我决定回归农村，选择农业项目，带动家乡老百姓一起发展，把广元的好产品推广到上海、北京这些一线城市，为乡村振兴贡献出自己的一份力量。"

带动家乡老百姓一起发展广元灰鸡的创业项目越干越红火。在四川农业大学、朝天区委、团市委等单位的支持下，2018年，向某将3000只广元灰鸡卖到了上海。

今年向某计划将包括广元灰鸡在内的 20 余种广元优质农产品推广到复旦大学、同济大学、上海工程技术大学等 20 余所高校。

"通过合作社把广元灰鸡卖到上海，农户每只鸡至少能增加纯收入 20 元以上。"向某表示，今后将采用"土鸡专合社＋养殖户"模式，扩大广元灰鸡养殖规模及其在一线城市的销售渠道，努力带动更多父老乡亲增收致富。

问题探讨

90 后小伙向某的创业机会来源于哪里？

第一节 创业机会识别

创业的核心是创新，创新首先表现为创意。从众多创意中识别出创业机会，需要了解创业机会的类型和来源，熟悉识别创业机会的关键要素和有助于机会识别的影响因素。

一、创新、创意和创业机会

创意是创新的基础，创新是创意的飞跃和创业的核心。厘清三者之间的关系，有助于把握创业成功的核心要素，更好发现创业机会，实现创业成功。

(一) 创意

经济学意义上的创意是指通过创新思维，进一步挖掘和激活资源组合方式，进而提升资源价值的方法。创意是创新的特定形态，是创新创业的基础。一项能够产生价值的创意需要具备新颖性、真实性和价值性。

1. 创意要具有新颖性

新颖的创意可以是新的技术或新的解决方案，可以是差异化的解决办法，也可以是更好的措施。新颖性还意味着一定程度的领先性，可以加大其他人模仿的难度。

随着人们之间沟通的日益重要和计算机网络技术的发展，扎克伯格想到了创办脸书，王兴归国创办了人人网，张小龙则带队开发出了微信；由于道路交通拥堵的状况日益严重，陕西西安开发区建设了悬挂公交，河南周口拟采用巴铁作为公共交通工具；为了应对早晚高峰交通拥堵的现状，北京朝阳区规划出一条潮汐车道。这都是新颖的想法、措施或方案，都具有一定的领先性。[1]

2. 创意要具有真实性

创意的真实性是指该创意能够开发出产品或服务，而且市场上存在对产品或服

---

[1] 王艳茹，王兵 . 创业基础课堂操作示范[M]. 北京：北京师范大学出版社，2014：117 - 118.

务的真实需求，或可以找到让潜在消费者接受产品或服务的方法。上文所提及的创意，不仅具有新颖性，而且具有真实性，能开发出相应的产品和服务，满足市场的真实需求。

历史上富有新颖性的创意还有很多，如 1955 年发明的超豪华烟斗（一次可以抽掉 1 盒香烟）、1962 年发明的过海鞋子（后面有小螺旋桨，发明家已经证明这种鞋子可以漂浮），1953 年的弧线机关枪及 1962 年的夜光轮胎（女士可以在夜晚借助发光的轮胎整理长袜和衣服）。但是由于这些创意不存在真实的市场需求，所以无法变成创业机会。

3. 创意要具有价值性

价值特征是创意的根本特征。好的创意能给消费者带来真正的价值。社交网络的创意给客户带来了超越空间的交往体验，解决交通拥堵的创意则减少了路途中消耗的时间。这些创意都在一定程度上为使用者创造了新价值。盐水灯能仅靠 2 匙盐＋1 杯水就能提供 8 小时照明。在手机没电的紧急情况下，人们还可利用这种灯的电力为移动设备充电。它很好地解决了偏远山区的照明问题。居住在邻近海岸地区的人们也能使用盐水灯和海水来提供照明。盐水灯既有很好的社会价值，也会有可观的商业价值。

虽然不是所有的创意都具有商业价值，也不是所有具有商业价值的创意都可以被实现，但是正是大量的灵感乍现的创意诱发了众多的创业机会。因此，我们应该通过系统学习，有意识地培养和训练自己的创造意识和创新意识。

（二）创新

经济学上，创新的概念起源于美籍经济学家约瑟夫·熊彼特在 1912 年出版的《经济发展概论》。熊彼特在其著作中提出，创新是指把一种新的生产要素和生产条件的新组合引入生产体系。企业家的职能就是实现创新，引进新组合，实现经济发展。

按照熊彼特的观点，创新包括五种情况，即生产新产品，采用新的生产方法，开辟新市场，获得原材料或半成品的新供应来源，建立新组织。各种途径的创新都会驱动创业机会的进一步发展和完善，为创业机会的实施提供保障。幸运的是，创新思维是可以学习的、创新能力是可以训练的。广大学生应该在平时的生活学习中，培养自己的创新思维，积极主动地锻炼自己的创新能力，为使中国从人力资源大国变成人力资源强国贡献自己的一份力量。

（三）创业机会

对创业机会的开发形成创业活动，即狭义的创业。创业具有增加就业、促进创新、创造价值等功能，同时也是解决社会问题的有效途径之一。①

再好的机会如果只存在于自己的脑海里，都无法产生任何效益。只有将创业机

① 李家华.创业基础[M].北京：北京师范大学出版社，2013：20-21.

会运用到实践中，让其经过实践的检验，得到消费者的认同，才能够实现它的价值。因此，当代大学生不但要有创新的意识、创新的思维和创新的能力，而且要有开展创业活动的激情和魄力，才能将更多的创意和创新付诸实践。

二、创业机会与商业机会

(一)创业机会和商业机会的概念

商业机会是有利于某个商业活动主体(个人、企业)获得某种商业利益的一组条件的形成(现实情景或未来趋势)。按照非瓦尔拉斯经济学的观点，市场上的供给和需求多数都不能出清，即供求不可能均衡。当市场上某种需求没有被满足时，就出现了商机。

创业机会是适合以创业的方式实现商业利益的商业机会，是一种特殊的商业机会。创业机会是可以引入新产品、新服务、新原材料和新组织方式，并能以高于成本价的价格出售产品或服务的情况。对于大多数大学生来说，轻资产、小团队和能开发出产品的创意才是真正的创业机会。

(二)创业机会和商业机会的关系

普遍意义上的商业机会中包含着创业机会，但商业机会中只有很小一部分是创业机会。创业机会比一般的商业机会更具有创新性和创造性。创新性强的创业机会容易形成竞争优势，能促使创业成功。

一般情况下，创业机会与商业机会之间并不存在严格的界限。

三、创业机会的类型

按照不同的标准，创业机会可分为不同的类型。按照来源，创业机会可以分为问题型机会、趋势型机会和组合型机会。

(一)问题型机会

问题型机会指的是由现实中存在的未被解决的问题所引发的一类机会。问题型机会在人们的日常生活中和企业实践中大量存在，比如顾客的抱怨、大量的退货、商品不合适、服务质量差等。在解决这些问题时，就会存在价值或大或小的创业机会。

(二)趋势型机会

趋势型机会是在变化中看到未来的发展方向，预测到未来市场潜力的一类机会。趋势型机会一般出现在经济变革、政治变革、人口变化、社会制度变革、文化习俗变革时。这些变化一旦被人们认可，它们产生的影响将是持久的，由此产生的趋势型机会所带来的利益也是巨大的。

(三)组合型机会

组合型机会是将现有的两项或两项以上的技术、产品、服务等因素组合起来，实现新的用途和价值而获得的创业机会。现实社会中大部分的商业机会都是组合型机会。在校大学生可以从实际出发，通过创新性的思维将现有产品或服务进行整合，更好地满足市场需求，实现自己的创业梦想。

四、创业机会的来源

创业的核心是创新，创新机遇是最好的创业机会来源。彼得·德鲁克在1985年出版的《创新和企业家精神》一书中说，创新机遇有7个主要的来源，分别是意外之事、不一致之处、流程需要、产业和市场结构的变化、人口变化、观念变化和新知识的产生。

(一)意外之事

意外的成功或失败都有可能引发新的商业机会，尤其是意外的成功所引发的创新机遇常具有风险小、易实施的特征；而经过精心设计、规划及小心执行后的创业失败又常常反映了隐藏的市场及社会变化，以及随之而来的机遇。1921年，患重感冒的亚历山大·弗莱明(Alexander Fleming)工作时，在一个培养基中发现了溶菌现象。细究之下，他发现原来是鼻涕所致，并由此发现了溶菌酶；1928年7月下旬，弗莱明将未经清洗的众多培养基摞在一起，放在试验台阳光照不到的位置就去休假了。9月1号，在工作22年后，他因溶菌酶的发现等多项成就，获得教授职位。9月3号，度假归来的弗莱明，刚进实验室，其前任助手普利斯来串门，寒暄中问弗莱明最近在做什么。于是弗莱明顺手拿起顶层的第一个培养基，正准备给他解释时，发现培养基边缘有一块因溶菌而呈现的惨白色。由此他又发现了青霉素，并于次年6月发表了相关论文，并因此获诺贝尔奖。正是由于弗莱明对于意外事件的观察和思考，才取得了研究上的辉煌成就。

因此，在日常生活中，我们应当对身边发生的意外之事保持一颗好奇心，凡事多问几个为什么。多一些思考有助于发现可能被其他人忽略的创业机会。

(二)不一致之处

不一致之处是指现状与理应如此之间，或客观现实与个人主观想象之间的差异和不协调。这些不协调包括产业的经济现状之间的不协调，产业的现实与假设之间的不协调，所付出的努力与客户的价值和期望之间的不协调，程序的节奏或逻辑的内部不协调等。

集装箱的首次出现就源于行业的假设与现实之间的不协调。20世纪50年代之前，航运业一直致力于降低航运途中的成本，争相购买更快的货船，雇佣更好的船员，但成本仍居高不下，导致航运业一度濒临消亡。直到货运集装箱出现，航运总成本下降了60%，航运业才起死回生。集装箱的发明者用简单的创新解决了现实和假设之间的不协调。航运业当时的重要假定是，效率来自更快的船和更努力的船员，而事实上，航运的主要成本来自轮船在海港闲置，等待卸货再装货的过程中。

(三)流程需要

流程需要与其他创新来源不同，它并不存在于环境中（无论内部还是外部）的某一事物中，而是存在于需要完成某项工作的过程中。它是以任务为中心，是完善一个业已存在的程序，替换薄弱的环节，或者用新的知识重新设计一个旧程序等。

按照法律法规的规定，创业者需要经过工商注册拿到营业执照从事合法经营。2014年3月份新《公司法》实施之前，注册的流程极为繁琐，耗费的时间也很长，给创业者带来很大烦扰。于是，很多人看到这个机遇，成立了代理注册公司，帮助创业者办理工商注册，获得了不错的收益；企业开始生产经营之后，需要按规定进行会计核算、办理申报纳税事务，但是很多创业者不是经济管理类的专业出身，不懂如何处理，即便是经济管理类专业毕业的学生，由于忙于企业的生产经营，也难以亲自处理这些业务，于是会计公司应运而生。

在评估流程需要时，须考虑以下三点。一、是否清楚地了解该需要；二、所需的知识是否能够获得；三、解决的办法与操作者的企盼是否一致。如果以上三点都能够满足，一般来说就是不错的创业机会。

(四)产业和市场结构的变化

产业和市场结构发生变化通常是由于客户的偏好、口味和价值的改变。另外，特定产业的快速增长也是产业结构变化的原因。

由于汽车行业的飞速发展及汽车的普及，汽车对路面空间的占用造成了严重的交通拥堵。作为耐用消费品的汽车使用寿命较长，更新不频繁，油价又一直在攀升之中，这使得美国重要工业支柱的"汽车三巨头"——通用、福特和克莱斯勒总部所在地底特律市不得不在2013年申请破产保护。但与此同时，车身较轻、省油的日本汽车在美国的销量却大增。中国服务产业的打车软件，制造产业的创新发明等也提供了不错的创业机会。如面对交通拥堵带来的打车难问题，创业者们发明了很多打车软件。同样面对交通拥堵带来的公共交通堵塞问题，2012年8月西安市政府开始做悬挂公交的论证，亮相于北京科普展的立体快巴当选为《时代周刊》年度最佳发明；而为解决私家车出行难的问题，英、美等国家已经研究生产出会飞的汽车，并且开始正式销售，2010年在美国的售价为19.4万美元，折合人民币131万元。

要预见工业结构的变化，创业者需要查看这一行业是否出现快速增长，市场领导者是否制订了不协调的市场细分战略，是否出现了技术趋同，业务做法是否有迅速变化等迹象。

(五)人口结构

人口结构通常被定义为人口数量、规模、年龄结构、组合、就业情况、受教育状况及收入情况。相比于其他创业机遇来源，人口结构的变化是最可靠的。

我国人口老龄化的现象日益严重，2015年—2020年，老龄人口总数从2亿上升至2.5亿，占比由15%左右增加至17.17%。随着老龄化社会的到来，针对老年人群的服务需求将加大。于是，居家养老服务、京东的养老服务供给索引平台等项目诞生。老年代步车、多功能老年拐杖等产品需求旺盛。保险公司推出的以房养老的保险产品也逐渐受到欢迎。

同样，随着三孩政策的实施，婴幼儿用品市场势必迎来新一轮的发展高峰。

(六)观念改变

观念是人们对事情的主观与客观认识的系统化的集合体。人们会根据自身形成的观念进行各种活动。随着社会经济的发展，人们的观念也一直在发生变化。如果创业者或创业企业不能够意识到这种变化，不能及时抓住机遇，就会影响企业的发展和创业的成功。

随着知识经济的到来和移动互联网的普及，大家更习惯利用零散的时间，从移动端获取信息，这使传统电视媒体的地位受到严重挑战。于是，很多媒体人便利用这个机会，辞职做起了自媒体。曾担任《决战商场》《中国经营者》等节目主持人的罗振宇2008年从央视辞职创业。2012年底，他与独立新媒创始人申音合作打造的知识型视频脱口秀《罗辑思维》，仅用半年时间就由一款互联网自媒体视频产品逐渐成长为全新的互联网社群品牌。仅2015年售书收入已超过1亿元。

需要提醒的是，观念转变的创新应从小规模做起，从一个小的细分市场进入，提供一个爆款产品，对人们原有的观念形成强大的冲击，从而改变大众消费习惯，快速赢得市场认可。

(七)新知识

基于知识的创新能得到社会关注，获得财富。虽然新知识带来的创新难以管理、无法预见、花费较高，需要较长的生产准备时间，但是它引人注目、令人兴奋。目前多数组织在各种创业机遇来源中依然首先强调新知识带来的机遇。基于知识的创新往往是几种不同知识的汇合，所以单一组织难以成功地推进以新知识为基础的创新，也难以在短期内实现该创新。

2004年，石墨烯就由英国曼彻斯特大学的物理学家安德烈·盖姆和康斯坦丁·诺沃肖洛夫在实验室中成功分离出来，并被证实可以单独存在，将会具有广泛的用途，被称为"黑金"。于是，欧盟委员会将石墨烯定为"未来新兴旗舰技术项目"，并确立专项研发计划，未来10年内拨出10亿欧元经费支持该项目。英国政府也投资建立国家石墨烯研究所(NGI)，力图使这种材料在未来几十年里从实验室走向市场。直到2013年初，美国加州大学洛杉矶分校的研究人员才开发出一种以石墨烯为基础的微型超级电容器。该电容器不仅外形小巧，而且其充电速度是普通电池的1000倍，可以在数秒内为手机甚至汽车充电，同时可用于制造体积较小的器件。2015年1月，西班牙Graphenano公司(一家以工业规模生产石墨烯的公司)同西班牙科尔瓦多大学合作研究出首例石墨烯聚合材料电池，其储电量是目前市场上最好的电池产品的3倍，用此电池提供电力的电动车最多能行驶1000公里，而其充电时间不到8分钟。

需要强调的是，知识并不一定是科技方面的，基于知识的社会创新也同样重要。大学生在校期间应该认真学习专业知识，培养专业能力，以便结合自身的体验和认识，基于新知识进行创新，为社会发展尽一份力。

五、创业机会识别的关键要素

从众多创意中识别出创业机会，需要具备一定的知识，了解相应的识别方法。识别和认识创业机会，需要观察社会发展趋势，解决现实问题，发现市场空隙，并结合考虑创业者的个性特征。

(一)观察趋势

顺应时代发展，引领时代潮流的创业项目容易成功；逆潮流的或者与社会发展趋势相反的项目则往往走向失败。所以，创业者应在众多的创新性想法中，从政治、经济、社会和科技的角度进行分析，选择符合发展趋势的创业机会。

1. 政治趋势

商事制度的变革为创业机会提供了基础。2014年10月1日"三证合一、一照一码"的登记制度在全国范围内全面实施。同年11月、12月新登记企业数量连创新高，分别达到46万户和51.2万户。2015年全国平均每天新登记企业1.2万户。截至2015年底，全国实有各类市场主体7746.9万户，同比增长11.8%，注册资本(金)175.5万亿元，同比增长35.8%。随着商事制度改革的深入推进，市场活力持续被激发，改革红利进一步被释放。

政府规章制度的变化也会为创业者创建差异化的企业提供支撑。欧元区成立之后，2002年7月欧元成为欧元区的唯一合法货币。一个偶然的机会，温州商人得知欧元将在欧洲大面积发行流通的信息，并且得知欧元纸币要比一般纸币长1.4厘米，这就意味着欧洲人原来的钱包装不下欧元。这条很不起眼的信息瞬间触动了他们十分敏感的商业意识。于是，他们迅速组织一流的设计人员，开发出质地上乘、做工精湛的钱包，并马上发往欧洲市场销售。由于恰逢其时，营销得力，这些钱包很快成为市场上的热销产品。

对于那些依赖政府的支持性规定存在的企业，在规章制度发生变化后生存就会受到威胁。如烟草行业和高档酒店行业。因此，创业者在进行机会识别时，要关注机会和政治制度的关系。

当然，政治变革还会带来很多创业机会。例如，全球政治不稳定与恐怖主义的威胁导致许多企业变得更有忧患意识，于是数据备份行业得到扩张和快速发展。黄维学在清华同方工作期间，意识到进入信息化时代后，随着用户信息化程度的提高，对数据的依赖也大大增强。于是他发现了数据容灾备份、数据存储和数据安全市场的巨大需求和潜力。2004年12月他成立了和力记易公司，致力于帮助客户实时备份重要数据，做到对历史数据的任意可追溯并确保业务连续，从而全面确保数据和业务系统的安全。公司发展迅速，从2005年下半年至今，该公司的市场占有率已达到 70％以上。

2. 经济趋势

对于经济趋势的理解和观察，有助于确定创业机会的适宜领域或回避某领域。当经济发展势头强劲时，人们会增加消费，而在经济低迷时，人们会减少支出。在经济高速发展时，可以从事奢侈品交易，而经济下行时，化妆品的经营会取得不错的效果，这正是所谓的口红效应①。在 2009 年美国金融危机的影响之下，重庆的商贸流通、中低档餐饮、微型汽车、国内旅游、文化娱乐、休闲健身和教育培训市场却得到了不错的发展。因此，面对经济的不同发展趋势，应选择不同行业进行创业。

经济因素还会影响创业机会所提供的产品和服务的主要消费群体。创业者要考虑该群体的购买力。在斯坦福大学就读工商管理硕士时，陈姿渝（Jane Chen）与其团队发明了一个像睡袋般大小的育婴箱。这些育婴箱投入使用后，成功救活了全世界无数的婴儿。但是，由于保温箱价格昂贵，贫困地区的人们买不起，每年有约 4 000 000 母亲只能眼睁睁地看着自己的孩子死去。于是，在经过大量实验之后，陈姿渝与其团队又生产出了价格低廉的叫作"拥抱"的保温袋。目前，该产品已经拯救了超过 150 000 个小生命。

经济因素会使企业受到持续的降低成本的压力。随着人力成本的上升，温州眼镜业就开始用机器替代人力并因此降低了成本。用激光电焊机取代了人工电焊后，在物料损耗减少的同时，生产效率提升了 1 倍，生产成本减少 60％。人力成本的提升势必会带动机器人行业的快速发展。如果大学生能立足于自身专业，在自动化领域大显身手，就会找到好的创业机会。

了解经济趋势，有助于识别创业需要回避的领域。由于受国内外市场需求明显下降、国际大宗商品价格持续下跌的影响，钢铁煤炭行业产能过剩，于是，国家下大力气促使其化解过剩产能。而这势必会促进新型能源和清洁能源产业的发展。因此创业者应回避钢铁煤炭行业，选择在清洁能源领域发展。

最后，随着分享经济的到来，分享成为生活的主题，以此为基础的创业机会均实现了超常增长。相信未来还会有越来越多的好的创业机会等着大家去发现和挖掘。

3. 社会趋势

社会的发展趋势会对大多数创业机会形成非常大的影响。因为，所有产品或服务存在的原因都是满足了社会需求而不仅仅是物质需求。例如，○2○餐饮的快速增长，不是因为大家喜欢快餐、喜欢在家吃外卖，而是在竞争日益激烈的情况下，人们的工作太忙，没有时间亲自做饭；社交类网站的流行，也是因其能满足人们忙碌之中的交往需求。

由于人们对美的追求，让人美的创意也得到较为广泛人群的支持，为人们提供

---

① 口红效应是指一种有趣的经济现象。在美国，每当经济不景气时，口红的销量会直线上升。因为在美国，口红是一种比较廉价的消费品。在经济不景气的情况下，人们仍然会有强烈的消费欲望，会转而购买比较廉价的商品。

美的工具的美图公司因此得到快速发展。美图公司成立于 2008 年，是中国领先的移动互联网平台公司。围绕着美的主题，公司创造了美图秀秀、美颜相机、美拍、美图手机等一系列软硬件产品。截至 2015 年 7 月 22 日，美图公司移动端产品的用户总数已达到 12 亿，覆盖了 7.5 亿台移动设备。

人们对于环保和健康的关注、三孩政策的实施、业务的全球化等社会发展趋势，都会带来相当多的创业机会。只要创业者用心观察，善于分析社会趋势，就能够从若干创意中找到适合开发的机会。

4. 科技趋势

科技趋势常常与社会趋势、经济趋势等相结合，共同创造创业机会。对于科技趋势的预测和利用，可以用来满足人们日益提高的生活品质需求。

随着生活节奏的加快和地球村的形成，国际合作已经成为很多企业的基本特色。但是跨国的交通时间较长，带给出差的人群极大的烦恼。2013 年 7 月，美国电动汽车公司特斯拉和美国科技公司 ET3 相继公布了超级高铁设想和胶囊列车计划，他们将利用真空管道运输的概念，建造一种全新的交通工具。这种列车的运行速度是飞机的 2 倍，子弹头列车的 3 至 4 倍；从纽约至北京只需 2 小时，环球旅行也仅需 6 小时。2016 年 5 月 11 日，美国超回路 1 号公司在西部内华达州荒漠首次对超回路技术中的推进系统进行公开测试，测试结果符合预期。

人们期盼提高预期寿命，改善住房条件。因此 3D 打印技术迅猛发展，而且已经取得了成功。2014 年 4 月首批 10 幢应用 3D 打印技术建成的房屋在上海张江高新青浦园区正式交付使用。3D 打印技术的应用大大缩短了房屋的建筑周期，而且降低了房屋的建筑成本。2016 年 5 月 20 日，清华大学长庚医院成功为骶 1－2 骨巨细胞瘤患者实施根治术。手术中，整块（en－bloc）高位骶骨肿瘤被切除，医生为患者植入 3D 打印的适型假体，重建脊柱骨盆稳定性，成功为患者保住下肢及二便功能。可见，随着科技的发展，技术革新能使梦想变为现实，为创业者带来更多机遇。

（二）解决需求问题

除了顺应政治、经济、社会和科技发展变化的趋势进行创业，创业者还应深入了解消费者的需求，使创业项目能满足当前供给中的不足。

中国人民大学农业与农村发展学院博士，清华大学人文与社会科学学院博士后石嫣在北京创办了"小毛驴市民农园"和"分享收获"，采用了 CSA 模式（社区支持农业），把有机蔬菜配送到消费者家里，取消中间商，让农民与消费者直接对接，共同承担风险，分享利益。本科毕业于中科大、硕士毕业于布朗大学的宁博，于 2013 年回国后也毅然走上了自主创业的道路，发明了"VeggiePal"智能种菜机。这种种菜机占地面积仅约 0.4 平方米，每台机器有六层的种植空间，每天可以产出近半斤（250克）蔬菜。每种蔬菜的成熟期为 2～3 周左右。这种种菜机不用换水，深受欢迎。海尔的洗土豆洗衣机也很好地解决了农民清洗土豆的难题。

由此可见，创业者只要关注大众日常需求，从他人对某物或某事的抱怨中深入

思考，就会发现很多不错的创业机会。发现抱怨，解决抱怨中的问题是很好的识别商机的方法。

(三)发现市场空隙

许多新产品的出现，就是因为它满足了消费者的需求。"三个爸爸"空气净化器填补了儿童专用空气净化器的市场空隙。Stance 公司的男袜则将袜子变成穿衣搭配的时尚单品，大受街头文化爱好者的喜爱。万里学院 2008 届的毕业生沈旭波成立的宁波联安房产经纪有限公司，以不收中介费，并提供房屋装修和托管服务的方式填补了房屋租赁市场的空隙，为其赢得了很好的发展空间。

因此，立足生活，善于观察，通过寻找市场空隙，可以有效识别创业机会。

六、有助于创业机会识别的因素

拥有识别创业机会技巧的人能抓住创业机会，取得创业成功。不了解创业机会识别因素的人则白白丧失了良机。一般来说，经验和认知、人际关系网络、科学的问题分析方法和创造性等都有助于创业机会的识别。

(一)经验和认知

1. 先前经验

按照"走廊原理"，在某个产业领域工作的个体比那些在产业外的人，具有更多行业经验和对于该产业的认知，也就更可能识别出未被满足的利基市场。

腾讯公司正是因其具有 QQ 运营的经验，在 2011 年 1 月 21 日推出了一个为智能手机提供即时通讯服务的免费应用程序，即微信。它支持跨通信运营商和跨系统平台操作，可以通过网络快速发送语音短信、视频、图片和文字。同时，微信还具有摇一摇、漂流瓶、朋友圈、公众平台、语音记事本等服务插件。微信推出后，腾讯公司一举获得成功。对于大多数学生来说，在校期间获得直接经验的机会较少，因此就需要多读书，尤其是多读一些创业类读物和人物传记，通过多获得间接经验的方式来弥补直接经验的不足。

2. 认知因素

近年来众多学者从创业认知理论出发，研究个体在机会识别方面存在差异性的原因，认为个体的认知差别是区别创业者和非创业者的关键要素。机会识别可能是一项先天技能或一种认知过程。多数创业者认为他们比别人更警觉，正是这种警觉性可以引发创造性思维，帮助创业者发现更多的创业机会。

在 2013 年 9 月胡润财富榜中，以 1350 亿人民币身价成为中国首富的王健林，就以其独到的认知方式作出了一系列重大的商业选择。王健林基于其对政策趋势、行业趋势、发展热点的把握，将企业发展与利润丰厚的地产行业挂钩，将地产发展和中国的城市化进程紧密相连，一开始就专注商业地产开发，并带领万达将业务范围拓展到北京、上海、深圳等 45 个城市，在全国建立了超过 60 座万达广场，造就了中国最大的商业地产企业。同样，基于他对未来文化消费行业高速发展的预期，王健林在 2012 年 9 月完成了对美国第二大院线公司 AMC 娱乐公司的并购，让万达集团同时拥有全球院线排名第二的 AMC 公司和亚洲排名第一的万达院线，成为全球规模最大的电影院线运营商。2015 年以来，万达集团又通过并购瑞士盈方体育、美国世界铁人公司、法国拉加代尔公司运动部门，形成了体育赛事举办、运动员经纪、赛事营销、赛事转播的全产业链，成为全球收入最高的国际性体育公司。2016 年 3 月 21 日，国际足联(FIFA)与万达集团签订战略合作协议，万达成为中国首个国际足联顶级赞助商，协议有效期长达 15 年。

研究发现，对某个领域有更多认知的人，比其他人对该领域的创业机会更敏感。

(二)人际关系网络

学者包昌火教授认为，人际网络是为达到特定目的，人与人之间进行信息交流的关系网。它基本上是由结点和联系两部分构成。结点是网络中的人或机构，联系则是交流的方式和内容。按照小世界理论的观点，你和任何一个陌生人之间的关系间隔不会超过 6 个人，也就是说，最多通过 6 个中间人你就能够认识任何一个陌生人。因此，找到关键的 6 个结点是打造人际关系网络的第一步。

建立了大量社会与专家联系网络的人，比那些拥有少量网络的人更容易得到创业机会。2009 年底，辞去央视公职的王女士开始创业，2010 年 3 月，她所创办的优米网正式上线。到 2013 年 5 月，优米网已拥有 100 万注册用户，15 万付费用户，优米网和王女士的社交网站关注度超过 800 万人。之所以能取得如此突出的成绩，主要与优米网精准锁定高知和商务消费群体，用户覆盖中国经济发达、创业活跃的地区有关。而达到上述目标的前提与王女士在央视的 15 年工作经历，以及在工作过程中形成的广泛的社会关系网络紧密相关。"在路上"系列视频的顺利录制和播出，同样受益于王女士的人际关系网络。2014 年 7 月 16 日，新版优米网正式上线，降低了用户门槛。优米域名也正式更为"youmi"，意味着能给优米网的每一位学习者带去价值。

大学生在校期间可以通过熟人介绍、参与社团或利用网络等途径拓展自己的人际关系，以互惠互利、诚实守信、分享、保持等为原则，换位思考、善于倾听，扩大自己的人际关系网，为未来的事业发展做准备。[①]

(三)科学的问题分析方法

一个好的创业者是能够发现问题，并能找到解决问题的方法的人。要找到好的解决方法，就需要有科学的问题分析方法。多数机会都可以通过科学系统的分析问题得以发现。

V 印自助云打印的创始人通过分析日常打印工作中的瓶颈(高耗能、高污染、设备重复采购、利用率低等)，研制出了更便捷的云印产品。用户在家里就可以通过网络传输实现资料、照片、文件等的打印，还可以选择黑白或者彩色打印。用户将

---

① 王艳茹. 创业资源[M]. 北京：清华大学出版社，2014：112 - 121.

拍摄的照片通过微信发送到 V 印云打印平台，就可以在 V 印云打印终端设备上把照片打印出来，非常简单、便捷。该公司在高校、社区、写字楼、政府、企事业单位、街道、酒店、咖啡馆等地的公共区域添置了云打印终端，将那些使用率不高的打印机淘汰。据 V 印团队介绍，只要投放 200 万台左右的公共自助云打印设备，就至少可以节省 4000 万～6000 万台打印复印设备，每年可直接减少 139 亿～212 亿度电的消耗。目前，公共自助云打印的应用正在悄悄地改变用户的打印习惯和用户对打印机品牌的认识和认知度。

由此可见，掌握科学的分析问题的方法，有助于我们更好地识别出创业机会。日常生活中，大学生应养成善于思考的习惯，并能够将课堂上学到的系统知识和实践相结合，进行有针对性的分析，从而更好地解决问题，发现并利用商机。

(四)创造性

创造性有助于产生新奇或有用的创意。从某种程度上讲，机会识别是一个创造过程，是不断反复的创造性思维过程。

19 世纪末，法国园艺学家莫尼埃想设计一种牢固坚实的花坛。于是，对建筑结构一窍不通的他便充分利用自己的特长，把花坛的构造设计成植物根系的构造。以此为出发点，他将植物的根系转换为一根一根的钢筋，将土壤转换为水泥，并用水泥包住钢筋，制成了新型的花坛，并发明了具有划时代意义的新型建筑材料——钢筋混凝土，引发了建筑材料的一场革命。

及时抓住富有创造性的思维，采用具有创造性的做法，不但可以引发技术变革，带来颠覆式的创新，更有利于创业机会的实现。

案例

我和海洋有个约会

抱着电脑推门进来，李先生没怎么寒暄，在《黑龙江日报》记者说明采访意图后，他一边将电脑连接到大屏幕上，一边开始介绍他的科研项目。

虽然只有 26 岁，李先生已经带领一家水下机器人创业公司走过了 4 年。创业前，他一直在埋头搞科研，后来来自外面世界的召唤，使他年轻的心不由自主地从平稳的生活中挣脱出来，去寻求更富挑战性的自我突破。在新的征途上他挑起了更重的担子，2016 年，他创建了公司，尝试带领团队一起向前走。作为潜水爱好者，他设计了潜水推进器；作为模型拼装的超级爱好者，他依据母校哈尔滨工程大学设计的规船做了一系列的航模教具。偶然一次在他与潜水捕捞者交谈后，吸取式的活体生物捕捞水下机器人的研发被提上了日程。后来，他的团队研发的活体生物捕捞水下机器人，也成功通过山东安源集团的验收。"渔民终于可以坐在岸上捞海鲜了。"李晗生笑着说。

2016 年，在大量市场调研后，李先生避开水下机器人的大热门，把目光投向国内缺乏的高端民用潜水员装备，尤其是"潜水员推进器"产品。"它像水下的平衡车，能使游泳及潜水者以超过世界游泳冠军两倍的速度在水中前行。"李先生说。

请讨论：1. 李先生是如何想到研发水下机器人的？这是一个好的创业机会吗？

2. 你对水下机器人项目的评价如何？

思考题

1. 按照来源创业机会可分为哪些种类？

2. 创新机遇的来源有哪些？

3. 经济趋势是如何影响创业机会识别的？

实践训练

小组名称				
姓 名		学 号		
任务名称	探索不同年龄阶段的消费需求			
任务描述	请依据下列数据和生活常识，分析总结不同年龄段的主要消费需求倾向，进而探索相关产品和服务的创业机会及其市场规模 我国城乡居民人均预期寿命从中华人民共和国成立初期的 35 岁提高到 2018 年的 77 岁。2021 年公布的第七次人口普查数据显示：我国少儿人口比重回升，人口老龄化程度进一步加深，城镇人口占比 63.89%；年龄构成方面，0～14 岁人口占比 17.95%，15～59 岁人口占比 63.35%，60 岁及以上人口占比 18.7%，其中 65 岁及以上人口占比 13.5%。			
任务分工				
过程记录	序号	年龄阶段	主要消费需求	潜在创业机会
	1	20 岁以下		
	2	20～30 岁		
	3	30～40 岁		
	4	40～60 岁		
	5	60 岁以上		
反 思				
增值评价				

学习笔记

姓　名：	学　号：
本节名称：	

▶ 第二节 创业机会评价

不是所有的创业机会都适合进行开发。只有那些具备特定特征的创业机会才值得投入时间和精力。掌握创业机会评价的方法和技巧，有助于将那些真正适合的创业机会挖掘出来。

一、创业机会评价的策略

有价值的创业机会除了具备第一节有价值的创意中提到的新颖性、真实性和价值性之外，还应该具有另外一些特征，如《21世纪创业》的作者杰夫里·第莫斯教授提出，好的创业机会有以下四个特征：第一，它能吸引顾客；第二，它具备可行性；第三，它必须在机会窗口①敞开期间被实施；第四，必须有资源（人、财、物、信息、时间）和技能与之匹配。

(一)评价机会的吸引性

只有创业机会具有很强的吸引性，才能够得到潜在客户的关注。在创业机会实施之前，创业者可以通过市场调查或者市场测试的方法，对项目的吸引性进行验证。小米手机在推出之前就做了产品吸引力的调查分析，得到了大量用户的支持，这正是吸引性在创业机会实施中基础性作用的表现。现在网上大量的众筹项目，都是从吸引性的角度出发来进行产品开发的。

(二)评价机会的可行性

好的想法未必是好的商业机会，超过80％的新产品都是失败的。只有可行的创业机会才是好的商业机会。

分析创业机会的可行性可以从宏观、中观和微观的角度分别展开。宏观角度的分析可以采用PEST分析法，从创业机会的政治、经济、社会和科技的角度入手；中观角度的分析主要是行业层次的分析，常用的方法是波特的"五力分析模型"，从进入壁垒、替代品威胁、买方议价能力、卖方议价能力及现存竞争者之间的竞争对行业的竞争影响等方面进行分析，并通过行业数据的分析，了解行业生命周期，判断是否是机会窗口打开的期间，对创业机会实施的时机进行判断；微观方面借助SWOT分析法，深入了解外部环境中的机会和威胁，以及创业项目自身的优劣势，对创业机会的可行性进行预测。

(三)评价机会的适时性

马克·吐温说："我很少能看到机会，往往在我看到机会的时候，它已经不再是

---

① "机会窗口"是一种隐喻，用以描述企业实际进入新市场的时间期限。创业者利用机会时，机会窗口必须是敞开的。一旦新产品市场建立起来，机会窗口就打开了。随着市场成长，企业进入市场并设法建立有利可图的定位。当达到某个节点，市场成熟，机会窗口也会关闭。

机会了。"日常生活中，我们也常说"机不可失，失不再来"。这些都说明了机会转瞬即逝的特性。因此，创业者一定要适时抓住机会，开发利用机会。适时性是指在恰当的时间做恰当的事情，不早不晚，过早或过晚的机会可能都不是机会。

通常情况下，只有那些能很快满足某项需要或实现某个愿望、能尽早帮助人们解决一些重大问题的机会才有价值。

(四)评价机会的匹配性

对很多人而言，有些机会只能看见，却不能为自己所把握。即使创业机会的潜力再大，如果自己缺乏必备条件和因素，盲目行动，可能会血本无归。因此，判断创业机会是否适合自己，需要分析资源、团队能力的匹配程度。90后大学生王子月的创业故事很好地说明了匹配性分析的意义①。截至2015年底，王子月已经拥有300家加盟店，获得11项国家专利，被评为浙江省十佳大学生，成功入围中国大学生年度人物。

(五)评价机会的持久性

创业机会的持久性是指机会持续时间的长短与市场的成长性。一般来说，好的创业机会一般具有可持久开发的潜力，并且能够为企业带来持续的竞争优势。

无人机由于具有体积小、造价低、使用方便、对作战环境要求低、战场生存能力强等优点，对未来空战有着重要的意义，在各种不同的灾害救援中也发挥了巨大的作用。因此，研发无人机就是一个很好的创业机会。据路透社的统计数据显示，中国无人机制造公司大疆的产品在美国商用无人机市场占据领先地位，市场份额达47%，遥遥领先于排名第二的竞争对手。而在全球商用无人机市场中，大疆更是独领风骚，一举夺得近70%的市场份额。大疆无疑已成为无人机制造的领军企业。同时，大疆在无人机工业、行业用户及专业航拍应用方面也做了很多探索，为客户提供了性能更强、体验更佳的革命性智能飞控产品和解决方案。无人机的民用市场领域非常广阔，具有很强的持续性。

案例

选择县城创业的蔡衍明

19岁接手家业，化危机为生机，将濒临倒闭的公司打造成全球最大的米果制造商的蔡衍明，在20世纪90年代看准了时机决定到祖国大陆发展。当时在连上海都少有台商的情况下，蔡衍明却选择了到长沙望城县投资。蔡衍明后来说，投资100万美元，沿海地区根本不会放在眼里。而在长沙，旺旺受到的重视肯定比在沿海地区多。果然，设厂过程中，旺旺面临的问题虽多，但有市长亲自出面，最终渡过了一切难关。

旺旺在湖南建厂之后，蔡衍明去郑州参加烟酒会，当场就有300个货柜的米果

---

① 王艳茹，王兵．创业基础课堂操作示范[M]．北京：北京师范大学出版社，2014：140-143．

签售，而且协议上都是款到发货。于是，旺旺在台湾的工厂生产出产品并发到大陆。但是交货时，对方却要求卖完之后付款。蔡衍明不愿意降价求售，就把那些产品拿到长沙、上海销售，但由于卖不了那么多，后来干脆送给小孩吃，没想到此举一下打开了当地市场。看到旺旺很赚钱，进入米果行业的企业也越来越多，竞争非常激烈。旺旺米果每公斤的售价由50元跌到30元。为将对手挤出市场，实施低端品牌战略，蔡衍明需要在各地扩建生产线，加大产量，降低成本。但一下要盖很多工厂，没有那么多钱，怎么办？蔡衍明就给各县政府单位写信，信的内容是，"旺旺想在贵县投资，希望你们盖好厂房租给我们"。蔡衍明发出了1 000多封信。当时集团里多数人认为"政府怎么可能提供这种条件？"。蔡衍明说："不试怎么知道？"。当时祖国大陆正值招商引资热潮，各地方政府之间也在竞争。结果真的就有一些县级政府单位同意了，旺旺不用投资，只付租金。厂房四五个月就建好了，成本非常低，租金很便宜。最终，旺旺在大陆的市场份额又恢复到了受冲击前的水平。

（资料来源：《创新创业实务》，由建勋，高等教育出版社，第73页）

请思考：

20世纪90年代，在祖国大陆招商热潮的背景下，蔡衍明为什么选择在偏远的湖南望城县投资？在遭遇激烈的市场竞争时，他又如何找到新商机摆脱了困境？蔡衍明对创业机会的评估方式对你有何启示？

二、创业机会评价的方法

创业机会评价常用的方法有史蒂文森法、隆杰内克法、巴蒂选择因素法、标准打分矩阵法、普坦辛米特法、蒂蒙斯法等。

(一)史蒂文森法

霍华德·史蒂文森(Howard Stevenson)认为可从以下几方面评价创业机会。

第一，机会的大小，存在的时间跨度及成长性；第二，潜在的利润是否可以用来弥补资本、时间和机会成本的投入，并获得令人满意的收益；第三，机会是否开辟了额外的扩张、多样化或综合的商业机会选择；第四，在可能的障碍面前，收益是否会持久；第五，产品或服务是否真正满足了真实的需求。

(二)隆杰内克法

隆杰内克(Justin G. Longenecker)认为，以下五方面对于创业机会的评价至关重要。

第一，产品能满足明确界定的市场需求，产品推出的时机也是恰当的；第二，投资的项目必须能够维持持久的竞争优势；第三，投资必须具有一定程度的高回报，从而允许一些投资中的失误；第四，创业者和机会之间必须互相合适；第五，机会中不存在致命的缺陷。

(三)巴蒂选择因素法

巴蒂选择因素法的具体内容见表3-1。

表 3 – 1　巴蒂选择因素法

序号	选择因素
1	这个创业机会在现阶段是否只有你一个人发现了？
2	初始的产品生产成本是否是可以承受的？
3	初始的市场开发成本是否是可以承受的？
4	产品是否具有高利润回报的潜力？
5	是否可以预期产品投放市场和达到盈亏平衡点的时间？
6	潜在的市场是否巨大？
7	你的产品是否是一个高速成长的产品家族中的第一个成员？
8	你是否拥有一些现成的初始用户？
9	是否可以预期产品的开发成本和开发周期？
10	是否处于一个成长中的行业？
11	金融界是否能够理解你的产品和顾客对它的需求？

巴蒂(Baty)选择了11个对创业机会有重要影响的因素，让使用者据此对发现的创业机会进行评价。如果某个创业机会只符合其中的6个或更少的因素，则这个机会很可能不可取；相反，如果某个创业机会符合其中的7个或以上的因素，则该创业机会将大有希望获得成功。

(四)标准打分矩阵方法

该方法通过专家对评价创业机会的重要因素进行打分的方式，对不同的创业机会进行比较。每一个因素由专家根据其重要性程度给出1～3分的分值，1为一般，2为好，3为很好。标准打分矩阵的具体指标如表3-2。

表 3 – 2　标准打分矩阵评价法

标准	专家评分			
	很好(3分)	好(2分)	一般(1分)	加权平均分
易操作性				
质量和易维护性				
市场接受性				
增加资本的能力				
投资回报				
专利权状况				
市场的大小				
制造的简单性				
广告潜力				
成长的潜力				

(五)普坦辛米特法

普坦辛米特法是一种让创业者对不同因素进行评分，并预先设定好权值的选项式问卷或评价方法。每个因素对应选项的得分为-2分~+2分。将所有因素得分加总就能得到最后的总分。总分越高说明特定创业机会成功的潜力越高。只有那些最后得分高于15分的创业机会才值得创业者进一步挖掘，低于15分的都应被淘汰。该方法的具体内容见表3-3。

表3-3 普坦辛米特法

序号	选择因素	评分(-2~+2)
1	对于税前投资回报率的贡献	
2	预期的年销售额	
3	生命周期中预期的成长阶段	
4	从创业到销售额高速增长的预期时间	
5	投资回收期	
6	占有领先者地位的潜力	
7	商业周期的影响	
8	为产品制定高价的潜力	
9	进入市场的容易程度	
10	市场试验的时间范围	
11	销售人员的要求	
总分		

三、创业机会评价的标准

无论采用什么方法评价创业机会，都应该把握一定的判断标准。这些标准主要有创意及其竞争力、行业和市场、创业团队及项目的回报等。

(一)创意及其竞争力

评价创意主要看创意是否具有价值，符合新颖性、真实性和价值性的特点。如果具备以上三个特性，就需要具体分析创意在市场上的竞争力。一般来说，创业者要确认并且列出所有竞争产品和竞争企业，而且至少要与3个满足相似市场需求的竞争对手的产品或服务进行对比。通过分析，创业者可突出自己产品或服务的差异性，形成独特的卖点。与市场上竞争对手的产品或服务相比，企业的产品或服务至少要具备3至5个与众不同的特点[①]。

---

① 赫里斯，等. 创业管理[M]. 蔡莉等，译. 北京：机械工业出版社，2010：39-40.

只有那些有价值和竞争力的创意才值得创业者投入时间和精力去进行开发。

(二)行业和市场

行业一般是指生产同类产品或具有相同工艺过程或提供同类劳动服务的经济活动类别。行业由出售者,即生产者或劳务提供者构成。

市场是由一切具有特定需求和欲望,并且愿意和能够通过交换的方式来满足需求和欲望的顾客构成。

评价创业机会时,创业者要关注提供相同或类似产品或服务的行业,包括其竞争情况、收获条件等,在行业的机会窗口打开期间进入该行业才能获利;另外,创业者要关注消费市场,只有市场足够大,才能收回成本获取利润。

创业者一定要能够清晰界定细分市场。

一般来说,创业者应至少3年收集一次市场数据,要尽可能多的收集二手数据。充分竞争的行业和有较大潜力的细分市场可以为创业机会的成功开发提供基本保障。

(三)团队

创业团队永远是创业中最核心的因素,是决定创业成败的关键,也是风险投资家最看重的因素。创业团队的评价是项目评价中最重要的标准之一。在进行评估时,创业者要确保团队中至少有一人具备新创意所属行业领域的相关经验,而且团队成员要对拟开发的项目感兴趣,这样才能保证项目获得成功。

(四)经济因素和回报

创业的目的之一便是获取经济回报,因此,经济因素和投资回报也是评价创业机会时需要重点考虑的标准之一。创业者应尽可能在成本效益原则的指导下,在较短时间内,以较低成本获得较高的回报。

一般来说,成长较快且收益率较高的行业都是具有吸引力的创业领域,值得创业者进行尝试。当然,这样的领域也会是竞争较激烈的领域。所以,创业者在开发创业机会时要能够进行风险分析和风险管理,并设计好商业模式。

✎ 思考题

1. 什么样的创意是有价值的创意?
2. 如何判断创业机会的竞争力?
3. 你认为评价创业机会的标准有哪些?

实践训练

小组名称			
姓　名		学　号	
任务名称	创业机会评分练习		
任务描述	请运用巴蒂选择因素法，对自己小组选择的创业机会（项目）和教师分配的小组的创业机会（项目）进行评分。		
任务分工			
过程记录	评估点	项目名称（自己组项目）：	项目名称（其他组项目）：
	这个创业机会在现阶段是否只有你一个人发现了？		
	初始的产品生产成本是否是可以承受的？		
	初始的市场开发成本是否是可以承受的？		
	产品是否具有高利润回报的潜力？		
	是否可以预期产品投放市场和达到盈亏平衡点的时间？		
	潜在的市场是否巨大？		
	你的产品是否是一个高速成长的产品家族中的第一个成员？		
	你是否拥有一些现成的初始用户？		
	是否可以预期产品的开发成本和开发周期？		
	是否处于一个成长中的行业？		
	金融界是否能够理解你的产品和顾客对它的需求？		
	打√评估点总数		
	您认为该创业机会成功的希望大吗？		
	注：请在符合的评估点后面打√。		
反　思			
增值评价			

学习笔记

姓　名：	学　号：
本节名称：	

第四章 创业市场

❖ 了解创业市场获取的基本方法。
❖ 了解市场竞争分析的要素，掌握市场竞争的策略。
❖ 理解市场营销的基本理论，了解创业市场营销的方法。
❖ 了解市场调查的基本方法。

案例导入

武汉大学生研发神奇水龙头，10秒灭菌99%，曾被市委书记点赞

有一款神奇的净水龙头，10秒内能够杀灭99%的细菌，10分钟内能够降解90%的农药残留。该产品一经问世就获得多家投资机构的青睐。这款龙头的主要发明人就是来自武汉某大学机械工程与自动化学院的小李。我们就一起来了解这位创业小伙的奋斗历程。

学习管理思维，锻炼管理能力

大学期间，小李任学校经纬文学社社长一职。在此期间，他积极进行社内改革，将文学社打造成为学校十佳社团。后来他又参加团中央举办的大学生社团骨干培训班，他是当期培训班唯一一个文学社团骨干成员。

基层的高校文学社团骨干及管理者要有好的管理思维。在培训期间，小李与培训老师深入交流。他深刻意识到管理艺术是一门学问，不能只局限于学生社团的管理。经过系统的学习，小李顺利结业。回校后，他运用所学知识较好地提升了学校社团骨干的管理能力，繁荣了社团文化。

从那以后，小李通过创办文学社社刊、举行全校文学征文等活动表现当代大学生的心声。他创办的文学社社刊《经纬风》正是反映学生思潮动态的平台。大学生社团骨干培训让他系统地学习了管理知识，锻炼了管理思维，为他之后的创业道路打下了基础。

实战练习，用比赛来磨练自己

机械工程与自动化学院是一所有纺织机械设备特色的学院。学院依托省重点实验室，在纺织设备领域取得了优秀的成果。在学院老师的指导下，小李与小组成员创造性地构思出一种新型印花设备——滚筒印花设备。

该设备创造性地利用滚筒及可更换的印花模具，极大地提升了印花效率，具有良好的商业实用性。学院积极鼓励他们以此为突破口，备战2016年度的创青春大学生创业大赛。第一次参加商业竞赛，在时间紧、任务重的情况下，小李与小组成员经常挑灯夜战。"真正好的商业模式，归根结底是能创造更大的利润，实现更多的盈利，这是商业的本质。"评委们的一席话像一盆冷水，泼在小李的心上。原来，他们的创造性构思虽然能提高印花的效率，但是却有着印花模具单一、总体成本偏高的缺陷。最终，小李团队只取得了湖北省铜奖。铩羽而归并没有让他意志消沉。通过这次大赛，小李明白，真正合理的商业模式一定是能实现最大利润的模式。这次比赛磨练了他的商业思维。

瞄准食品净化领域，投身双创浪潮

毕业后，小李选择自主创业。他敏锐地意识到，随着生活水平的提高，人民群众对食品安全越发重视。中国的耕地面积约占世界七分之一，而农药化肥使用量却是世界的三分之一。目前仍然有很多人饮用不洁净的水。

触目惊心的数据震惊了小李，这使得他决心在食品净化领域，尤其是饮用水方向做出突破。通过创业者协会，他与有同样想法的小聂进行了交流，两人一拍即合。他们咨询了许多生物实验室，得知目前臭氧杀毒消菌是效果最好的方式，其原理是将臭氧溶于水中，利用臭氧的强氧化性杀毒消菌降解农药。

可如何让这有着杀毒消菌功能的臭氧水流进千家万户，是困扰小李的最大难题。经过再三比对分析，他们认为，如果研发一款杀毒消菌水龙头，那么问题就可以得到解决。

小李给出的设计目标异常严苛。新型消毒机要实现零耗材、零耗电，精准控制臭氧溶于水的含量。整体机器寿命为三年以上。这就意味着他们的产品需要解决"水流自发电技术""臭氧生成技术""精准气水混合技术"。将这些功能集成在拳头大小的水龙头中，其难度可想而知。

经过近两年时间的技术攻关，他们终于生产出产品来。经疾控中心检测，这款水龙头10秒内能够杀灭99%的细菌，10分钟内能够降解90%的农药残留。多家投资机构对他们的产品赞不绝口。

他们的团队顺利入驻卓尔企业总部社区的卓尔青年汇，小李进行了项目孵化。2017年9月，时任武汉市委书记陈一新进行调研的时候，与小李进行了亲切交谈，并对这个功能强大的水龙头产生了浓厚的兴趣，勉励小李将所学知识转换成创新力量。

目前，他们的产品已经量产。项目累计获得签约金额近300万。

在双创的浪潮中，小李作为应届毕业生，响应国家政策，努力实现人生的奋斗目标。这样的精神正是当代中国创业大学生的缩影！

问题探讨

为什么小李会想到将产品市场定位在食品净化领域？

第一节 创业市场确定

创业者最初萌发一种创业冲动或创业构想，但创意是否可行，能否转化成为一个真正的创业项目，需要看有没有顾客愿意花钱购入产品。把这种概念开发出某种产品原型或技术趋势，与顾客进行沟通，才可能进一步争取关键资源、融资、组建团队，建立企业。创业一开始，创业者就要考虑创业产品或服务是否有市场并接触市场。经过市场分析，如果产品有市场、有需求，创业者才能开始组建团队，撰写详尽的商业计划。成功的商业计划要有概念上的创新。创业者对创业项目也需要进行严谨的市场调研和分析。如果商业计划营销成功，创业团队获得资金可以正式建立企业。再之后，开发出新产品后，创业企业开始进行批量生产，进行大规模的产品营销，这也是将产品放到市场进行检验的时候。

一、市场细分

最初，创业者的创业资源有限，很难覆盖整个庞大的市场。创业者还可能面对各种竞争对手。随着个性化消费时代的到来，不同的消费者的需求也大不相同，需求动机和购买行为也越来越多元。所以，创业者和初创企业需要区分消费者，寻找最适合的创业市场。在此过程中，创业者通过市场细分选择目标市场，并通过市场定位再次明确顾客对相应市场的认同度。

市场细分由美国的温德尔·斯密(WenDell Smith)提出，指根据消费者需求的差异性，选用一定的标准，将整体市场划分为若干具有不同需求特性的更小市场的过程。

市场细分是指以消费需求的某些特征或变量为依据，区分具有不同需求的顾客群体。其结果是使同类产品市场上，同一细分市场的顾客需求具有更多的共同性，不同细分市场之间的需求具有明显的差异性，从而使创业者或企业明确有多少细分市场及各细分市场需求的主要特征。

市场细分的意义在于：第一，有利于掌握潜在市场需求以开拓新市场。通过市场细分，企业比较容易了解消费者的需求，可以对细分市场的购买潜力、满足程度、竞争情况等进行分析对比，探索出有利于本企业发展的市场机会，使企业及时做出投产和销售决策或根据本企业的生产经营条件编制新产品开拓计划，进行必要的产品技术储备，掌握产品更新换代的主动权，开拓新市场，以更好适应市场的需要。第二，有利于满足一部分消费者需求以提高企业的经济效益。通过市场细分后，企业可以提供更加细致的产品和服务，使产品和服务更加适销对路，从而加速商品流转，加大供应数量，提高产品质量，从而全面提高企业的经济效益。

由于大学生创业企业更多地面向消费者市场，以消费者市场看，通常细分市场的变量主要有地理变量、人口变量、心理变量、行为变量这四大类。创业企业可以以不同的变量作为市场考虑因素，运用有关变量来细分市场。

(一)按地理变量细分市场

按地理变量细分市场也就是按照消费者所处的地理位置、自然环境来细分市场。国家、地区、城市规模、气候、地形地貌、人口密度等方面的差异都是变量要素。创业者可以依据变量将大市场分为不同的小市场。因为在不同变量影响下，消费者对于同一类产品往往呈现不同的需求与偏好，对企业采取的营销推广活动也会有不同的反应。

(二)按人口变量细分市场

按人口变量细分市场即按人口统计因素来细分市场，年龄、性别、家庭规模、家庭生命周期、收入、职业、教育程度、宗教、种族、国籍等都是市场细分的要素。

年龄：不同年龄的消费者有不同的需求特点，例如青年人对服饰的需求与老年人的需求就有差异。青年人喜欢时髦的服装，老年人则喜欢端庄素雅舒适度高的服饰。

性别：男性与女性在产品需求与偏好上有很大不同，比如在服饰、发型、生活必需品等方面均有差别。

收入：低收入和高收入消费者在产品选择、休闲时间的安排、社会交际与交往等方面都会有所不同。

职业与教育：消费者职业的不同、所受教育的不同也会导致其产品需求的不同。例如，农民购买自行车偏好载重自行车，而学生、教师则喜欢轻型、样式美观的自行车。

家庭生命周期：一个家庭，按年龄、婚姻和子女状况，可分为单身、新婚、满巢、空巢和孤独五个阶段。在不同阶段，家庭购买力、家庭成员对商品的兴趣与偏好也会有很大的差别。

(三)按心理变量细分市场

心理变量即购买者所处的社会阶层、生活方式、个性特点等心理因素。

社会阶层指在某一社会中具有相对同质性和持久性的群体。处于同一阶层的成员具有类似的价值观、兴趣爱好和行为方式，而不同阶层的成员其产品需求也不同。

人们追求的不同生活方式也会影响他们对产品的选择。例如，有的人追求新潮时髦，有的人追求恬静、简朴，有的人追求刺激、冒险，有的人追求稳定、安逸。

西方的一些服装生产企业分别为简朴的妇女、时髦的妇女和有男子气的妇女设计不同风格的服装。旅行社针对不同人群设计不同旅行线路。

个性指一个人比较稳定的心理倾向与心理特征。不同个性的人也会对市场的产品有不同的反应。有些人个性自信、自主,喜欢支配,而有些人顺从、保守,适应性强。在西方国家,对诸如化妆品、香烟、啤酒、保险之类的产品,一些企业以个性特征为基础进行市场细分并取得了成功。

(四)按行为变量细分市场

行为变量指购买者对产品的了解程度、态度、使用情况及反应等。很多人认为,行为变量能更直接地反映消费者的需求差异,是市场细分的最佳起点。

案例

郁金香传媒、航美传媒、分众传媒的经营

郁金香传媒、航美传媒、分众传媒是典型的户外广告媒体运营商。它们面向不同的细分市场,经营策略都是在细分领域跑马圈地,形成垄断优势以增强获取媒体资源、获取客户及议价的能力。这三家公司的短期经营业绩差异,除了与经营管理能力有关之外,还与细分市场的差异密切相关。

从这三家广告公司近几年的业务状况来看,三家公司的营业收入普遍保持平稳增长的态势,但利润情况却大相径庭。这其中反差最大的是航美传媒。航美传媒的营业收入持续增长,营业利润却波动巨大,多数季度出现亏损,营业收入的增幅大幅落后于成本增幅。这种情况正是由于航美选择的是航空市场,其业主实力雄厚,整体议价能力强劲,航美传媒获取这些媒介资源的代价不菲。广告市场受到经济周期波动的影响较大,而航美传媒的成本却呈现单边上涨格局。

再看微利的郁金香传媒。它选择了竞争最为激烈的大众户外媒体,媒体资源竞争激烈,客户争夺激烈。另外,最初投资购入的LED大屏成本高,每年摊销额巨大。而且目前跑马圈地仍在进行中,而新建的媒体又需要一定的经营周期才能见效益。这种微利状态估计要持续相当长的时间,直到公司完成基本的布局并进入稳定经营期后才会有改观。

经营最为成功的分众传媒是中国营业收入最高的户外媒体公司。公司面对的楼宇广告、卖场广告市场受众众多。分众传媒也成为快速消费品的首选媒体。由于这类广告位置的拥有者非常分散,议价能力弱,分众传媒又在构建细分市场时取得了垄断优势,因此其媒体租赁成本较低。而且分众传媒注重销售渠道的建设,使分销渠道由广告代理商逐步转向自建的分公司,从而加强了渠道控制力,减少了渠道成本。战略得当、厚积薄发、开源节流正是分众传媒一枝独秀的原因。

二、目标市场选择

市场细分的目的就是根据细分情况选择目标市场。

目标市场就是指通过市场细分，被企业所选定的，以相应的产品和服务去满足其现实的或潜在的消费需求的一个或部分细分市场。

在选择目标市场前，创业者和创业企业应对细分市场进行评估，判断细分市场是否具备目标市场的基本条件。主要条件包括以下几个方面。

1. 是否具有适当市场规模与增长潜力

评估细分市场是否具有适当规模和增长潜力，要看市场规模、企业经营规模和资源禀赋能否相适应。对于实力雄厚的大企业，如果选择较小的细分市场就不能充分发挥企业经营能力，会造成一定资源浪费和利润损失。但对于初创企业和小企业，如果选择较大的细分市场，可能又会因缺乏资源能力而难以满足市场有效需求或难以抵御较大市场上的激烈竞争。

2. 是否有足够的市场吸引力

市场吸引力主要指从获利方面看市场长期获利率的大小。市场可能存在适当规模和增长潜力，但从利润立场看不一定具有吸引力。那么，决定市场是否具有长期吸引力的因素主要是现实的竞争者、潜在的竞争者、替代品、购买者和供应者五方面。除了大企业，初创企业也需要考虑能否具有长期获利率及以上五方面因素对长期获利率的影响，从而更好地预测细分市场的预期利润量。

3. 是否符合企业的目标和资源

有些细分市场可能规模适当，也具有一定吸引力，但创业者还需考虑其是否符合企业的长远目标；企业是否具备了在该市场取得成功和获利所需的各种资源条件，即企业的人力、物力、财力、信息、技术等。如果不符合上述条件，那么创业者需果断放弃该细分市场。

通常，根据市场情况，选择目标市场有三种策略。

1. 无差异化的目标市场选择

无差异化的目标市场就是将整体市场作为创业企业的目标市场，推出一种市场服务和产品，实施一种统一的营销策略或营销组合，以满足整体市场的某种共同需要。比如，我国的奶品企业伊利、蒙牛等，都是面向国内市场提供主要产品并全方位进行营销。在这个市场内，企业把市场作为一个整体，不考虑实际存在的个别和部分需求差异，因此在营销上会采取相同主题的广告和其他促销策略。

这种策略的优点是生产、经营和营销成本较低，这是因为产品品种相对单一但产品批量大，销售面广，广告投入比较集中。这种策略适用于一些消费者有共同需要、差异性不大的商品，或者市场处于卖方市场即商品供不应求，竞争相对不激烈的情况。对于初创企业，这种情况一般很少出现。但是，在信息技术和互联网时代，很多互联网创业项目因为信息传递的零成本和渠道的零设置使这一市场（大众市场）

的出现成为可能。这时，初创企业更需要创新产品设计和提供优质用户体验，才能进入大众市场。

2. 差异化目标市场选择

差异化目标市场选择指企业根据各个细分市场中消费需求的差异，设计生产出目标客户群体需要的不同产品或提供不同服务，同时制订相适应的营销策略，去满足不同细分市场客户的需求。它是一种复合式的目标市场选择策略。比如，企业针对不同细分市场提供有差别的产品或者服务，产品的特性甚至类别明显不同。其次，每个细分市场内产品的价格只为该市场的顾客所接受。另外，各种产品或服务有自己相应的销售促销渠道。企业需要依据产品或服务特点制定策略。选择此战略的企业很多为成熟企业。

选择差异化目标市场的优点在于：第一，能够以顾客为中心，满足不同客户的需要，有利于增加销售收入；第二，企业同时在几个细分市场中占优势，有利于提高企业声誉，树立良好的企业形象，增进消费者对企业和产品的信任，提高市场占有率。选择差异化目标市场的缺点在于：第一，企业资源分散于各个细分市场，由于不能集中采取策略，所以相对不容易突出企业的竞争优势；第二，由于企业需根据各市场采取不同的销售策略，所以成本相对较高。初创企业有时也可以选择差异化的目标市场。例如新东方在最初发展时选择英语培训领域，又将该市场细分为托福、雅思、四六级英语培训等。成长起来后，新东方又开设语文、数学等课程和音乐、美术等艺术修养课程。

3. 集中化目标市场选择

集中化目标市场指创业企业在众多子市场中只选择一个细分市场进行营销，即面对一类客户群体的单一目标市场。针对单一市场，创业企业必须充分展现选定的细分市场客户群体的消费特点并营销对路，可以选择能将产品或服务信息传达到特定客户群体的媒介，不一定要大量投放广告。在制定产品或服务价格时，企业需考虑消费群体对价格的敏感程度。例如，饮料市场中有众多功能的饮料，王老吉公司和加多宝公司在饮料市场中专门致力于生产具有降火功能的饮料。

选择集中化目标市场是最适合初创企业的一种市场选择。如果创业企业能选出一两个能发挥自己技术优势和资源优势的细分市场，不仅可以大大节省营销费用以增加盈利，还可以因为生产、服务、销售的专业化，更好地满足特定客户的需求从而取得竞争优势。但是，对于市场细分的判断和目标市场的选择就显得非常重要。

思考题

1. 进行市场细分时应考虑哪几个因素？
2. 目标市场选择有哪几种策略？

实践训练

小组名称				
姓　名		学　号		
任务名称	创业机会市场评估			
任务描述	请运用创业市场评估的相关理论，对自己小组选择的创业项目和教师分配的小组创业项目进行创业市场评估。			
任务分工				

过程记录	评估点	项目名称 （自己组项目）：	项目名称 （其他组项目）：
	市场定位		
	市场结构		
	市场规模		
	市场渗透力		
	市场占有率		
	成本结构		
	综合评价		

反　思	
增值评价	

学习笔记

姓　名：	学　号：
本节名称：	

第二节 创业市场竞争

初创企业与成熟企业一样，不论是面向一个全方位的大众市场还是进入一个或几个细分市场，都会面临各种竞争。创业企业不仅要了解谁是自己的顾客，还要分清谁是自己的竞争对手。需求的复杂性、易变性，技术的快速发展和演进、产业的发展、市场的变化不仅使创业企业面临变化，而且竞争对手也处在变化之中。因此，初创企业需要在变化中识别竞争者和竞争者的策略，评价竞争者的竞争实力和竞争优势，预测竞争者的战略定位，以便在市场中突出自己的竞争优势，从而确定本企业在市场中乃至行业中的地位。

一、市场竞争分析

(一)识别竞争者

1. 以行业为维度

行业维度竞争关系如图 4-1 所示。

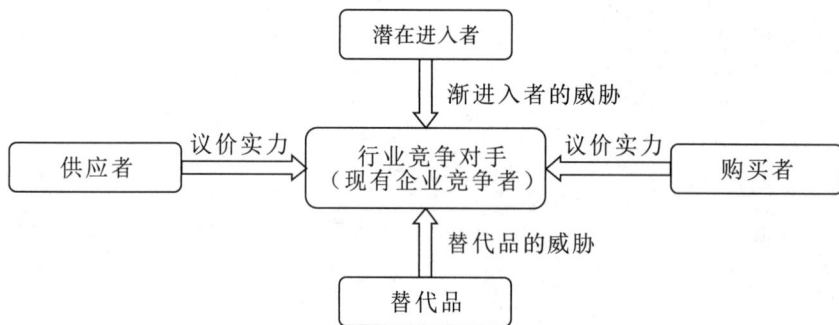

图 4-1 行业维度竞争关系

(1)现有竞争企业

现有竞争企业即本行业内现有的与创业企业经营同样产品或提供同样服务的企业。这些企业是创业企业的直接竞争者。

(2)潜在加入者

当某一行业前景乐观、有利可图时，会引来新的竞争企业进入本行业，使该行业增加新的生产能力，但会重新瓜分市场份额和主要资源。另外，当初创企业看到可行的市场机会，某些多元化经营的大型企业也可能发现该机会并利用其资源优势侵入该行业，进行跨界经营。这些新企业的加入，会加剧竞争，可能会导致产品价格下降，利润减少。

(3)替代品企业

替代品指与某一产品具有相同功能、能满足同一需求的可以替代该产品的不同性质的其他产品。随着科学技术的发展，替代品将越来越多，某一行业的所有企业都将面临与生产替代品的其他行业的企业进行竞争的局面。例如在手机不断更新增加了摄影、摄像功能后，普通照相机的市场需求大幅缩减，只有专业相机市场仍保持较旺盛的需求。

2. 以市场为维度

市场维度竞争关系如图 4-2 所示。

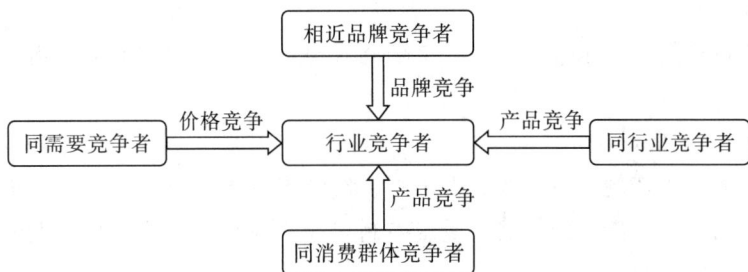

图 4-2 市场维度竞争关系

（1）相近品牌竞争者

相近品牌竞争者指在同一行业中为同样的顾客提供与企业类似产品或服务并且价格相近的其他企业。在家用空调市场中，格力空调、海尔空调、美的空调等都是品牌竞争者。这些企业的产品替代性较高，竞争比较激烈，各企业均以培养顾客的品牌忠诚度作为争夺顾客的重要手段。

（2）同行业竞争者

企业提供同类产品或服务，但产品规格、型号、样式不同或者服务规格、标准、方法有所差异。例如家用立柜空调和墙装空调与中央空调之间存在相互竞争关系。

（3）同需要竞争者

这些竞争者提供不同种类的产品，但满足消费者的同种需要，如航空公司、铁路客运、长途客运汽车公司，虽然它们处在不同行业，但都可以满足消费者外出旅行的需要。当火车票价上涨时，乘飞机、坐汽车的旅客就可能增加。

（4）同消费群体竞争者

此类竞争者的目标客户群体一样，但竞争企业可以提供不同产品来满足消费者的不同需求。消费者很可能改变对原来产品或服务的需要。例如，很多消费者收入水平提高后，可以把钱用于旅游，也可用于购买汽车，或购置房产，因而提供这些产品或服务的企业间存在相互争夺消费者购买力的竞争关系。消费支出结构的变化，对企业的竞争有很大影响。

（二）评估竞争者的实力

了解竞争者的战略目标后，需要进一步分析竞争者的实力，找出竞争者的优势与劣势，并与自己提供的产品或服务进行对比，才便于企业选择和确定竞争战略。衡量竞争者实力主要看几个主要方面。

1. 产品与服务

竞争企业提供的产品或服务在市场中的地位，受顾客接受程度，其产品主要的特性、功能和其他价值开发情况。

2. 销售渠道

竞争企业销售渠道的广度与深度、销售渠道的效率与实力、销售渠道的服务能力。

3. 市场营销

竞争企业市场营销组合的情况、市场调研与新产品开发的能力、销售队伍的培训与技能。

4. 生产与经营

竞争企业的生产规模与生产成本水平、设施与设备的技术先进性与灵活性、专利与专有技术、生产能力的扩展、质量控制与成本控制、区位优势、人力资源状况以及原材料的来源与成本等。

5. 研发能力

竞争企业内部在产品、工艺、仿制等方面所具有的研究与开发能力，研究与开发人员的创造性、可靠性等方面的素质与技能。

6. 资金实力

竞争企业的资金结构与现金流情况、筹资能力和资信状况及财务管理能力。

7. 组织管理情况

竞争企业管理者的领导素质与激励能力、管理能力，组织成员价值观、组织结构与企业策略的一致性，组织结构与信息传递的有效性，组织对环境因素变化的适应性与反应程度，组织成员的素质等。

二、市场竞争策略

处于竞争的市场中，通过对竞争者进行分析，辨识竞争者在市场中的相对地位，创业者方可根据自己的实力、结合市场的具体情况制定相应的竞争策略。企业实力不同，进入市场参与市场竞争的身份也不同，选取的竞争策略也会有所不同。初创企业可以根据企业实力与产品类型、市场状况采用不同的竞争策略。

(一)低成本战略

低成本战略就是尽最大努力降低成本，通过低成本来降低商品价格，维持企业竞争优势。低成本战略又称为成本领先战略。要做到成本领先，就必须在管理方面严格控制成本。降低生产环节、管理服务环节、营销环节的成本，才可以获得高于产业平均水平的利润。在与竞争对手进行竞争时，由于企业运营成本低，竞争对手已没有利润空间时，企业就可以获得利润。当然，也不能一味地进行价格战，这不仅没有让利给消费者，反而会引起恶性竞争甚至限制行业整体的良性发展。

降低生产成本，可以通过改进产品设计或者使用简约化的产品设计来实现，也可以通过节约材料、进行生产创新、采用自动化生产替代人力的方式来实现。降低营销成本，可以通过调整营销方式与利用市场资源的方式实现，如变革渠道、调整供应关系和改变促销策略。降低服务成本，可以通过优化系统自动应答服务或将售后服务外包等方式来实现。

✍ 案例

如家快捷酒店

传统的酒店行业，酒店之间都在为追赶竞争对手而制定竞争策略。与之相反，自创建以来，如家就定位为经济型酒店。通过对传统星级酒店要素的剔除、增加和再创造，如家把自己与星级酒店和社会旅馆区别开来，创新地推出了经济型酒店模式。

商务旅行人士和经济条件好的旅游者，首先需要的是充足的睡眠。传统星级酒店提供的许多空间和服务他们根本无暇享受。对他们而言，最重要的空间只有两个：床和卫生间。因此，如家着重给客人提供一个温馨、舒适的睡眠环境，把星级酒店提供的不必要的服务和娱乐设施去掉。

如家在客房的卫生、房间的布局、床铺及淋浴设施上下足了功夫，而不在餐厅、大厅和娱乐设施等地方过多投资，这样成本也就降了下来。"花社会旅馆的钱，享受星级酒店的服务"，如家自然广受旅客的欢迎。无怪乎如家发展势头如此之猛，一跃成为中国经济型酒店的龙头，在中国酒店业激烈的竞争中找到了全新的市场。

(二)差异化战略

差异化战略指使企业产品、服务等与竞争者有明显的区别，以获取市场中的竞争优势的策略。差异化战略的重点是创造并提供全行业和顾客认为特点显著的产品和服务，即提供的产品或服务别具一格，或功能多，或款式新，或更加美观。实现差异化战略能帮助企业在行业中赢得超常收益，建立竞争防御，从而具有竞争优势。

对于初创企业，可采取的有效差异化战略可以是产品的差异化、服务的差异化和营销的差异化等。产品差异化主要从产品或服务质量、产品服务特征及产品服务设计方面实现。企业可通过为自己的产品和服务注入新的元素来吸引顾客。服务差异化主要是将服务要素融入产品支撑体系，通过服务建立障碍，阻止其他企业竞争。服务水平也是体现企业竞争力的一个方面。企业服务能力越强，市场差异化就越容易实现。营销差异化指从产品的营销渠道、销售条件、售后服务条件等方面实行差异化，特别是售后服务差异化。在越来越多的相同产品、相同性能、相同质量的产品情况下，售后服务不同可以带来很好的竞争地位。

✎ 案例

当当网的图书经营

当当网于 1999 年开通，多年来保持着高速成长，业务规模年增长率均超过 100%，是目前全球最大的中文图书音像电子商务网站，面向全世界中文读者，提供 30 多万种中文图书和音像制品。

1997 年前后，当当网创办者通过分析亚马逊的商业模式与传统贸易方式的区别，开始筹备、制作当当网的书目信息数据库。1998 年马云推出了综合电子商务平台阿里巴巴，为众多企业客户提供信息，后来又建立了淘宝，开通了众多主要消费品的网上购物平台。当当网坚持做图书，模仿亚马逊经营模式，围绕图书市场经营众多产品种类，让消费者有更多选择，同时采取价格战略，让消费者得到实惠。为了将图书服务做强、做专，当当网还通过航空、铁路、城际快递、城市内快递公司等多种渠道，力求快速将图书送达并采取货到付款的方式。在服务上，当当网利用电话、QQ、E-mail 等多种方式进行服务，建立了网上图书销售与服务的整体系统。

(三)集中化战略

集中化战略指企业把优势资源集中于某一个特定的细分市场，主攻某个特定的客户群、某产品系列的一个细分区段或某一个地区市场，通过更好地服务于这一特定市场的客户，获取高的收益率。集中化战略的优点是，企业能集中力量为一个市场服务，能全面了解市场的需求，便于集中营销，从而突出竞争优势。但是，企业需要以更高的效率、更好的效果为某一领域的战略对象服务，从而超越更广阔范围内的竞争对手。因此，该战略具有赢得超过行业平均水平收益的潜力。

对于创业企业，此战略是最为有效的战略。创业企业资源有限，如果能够提前看到市场上存在的空缺，选择合适的方式进入市场，同时将有限的资源投入到一个特定的领域，避免和资源实力雄厚的成熟企业正面竞争，就能争取更为宽松的生存发展环境，有利于自身技术和服务的不断优化。创业企业也可以集中开发专门技术以获取优势。管理大师德鲁克(Peter F. Drucker)提出的专门技术战略可以为初创企业所借鉴。他指出，企业要开发独有的技术，就要在新产业、新行业或新趋势的发展早期进行系统的研究和调查，找到专门技术的开发机遇，提早行动。

20 世纪 90 年代末，美国著名战略学家迈克尔·波特(Michael E. Porter)提出成本领先战略、差异化战略和集中化战略三种基本竞争战略。以此为指引，企业几乎都采取了价格战、功能战、广告战、促销战、服务战、品类战来建立自己的竞争优势，打败竞争对手。但是过度的打击对手也会使企业家们面临低利润或者亏损的局面。针对竞争战略理论的缺陷，韩国战略学家金伟灿(W. Chan Kim)教授和美国战略学家勒妮·莫博涅(Renee Mauborgne)教授于 2005 年提出了蓝海战略理念。蓝海战略只能短期改善企业遇到的竞争状况，但并没有解决竞争战略理论的缺陷。我国著名战略专家唐东方在2009年提出了发展战略理论,提出企业首要关注的应该是企业的发展,而不应是企业的竞争。企业可以通过竞争来实现发展,还可以通过合作来实现发展,也可以避开竞争,选择更具前景的领域来发展。发展战略理论是对传统竞争战略理论的一种颠覆,使企业更加良性地参与竞争,把主要精力投入到解决企业发展问题,规划发展方向、发展速度与质量和发展点及培养发展能力中,最终实现企业的快速、健康、持续发展。

虽然竞争战略存在一定缺陷,但企业面临竞争是一个基本状态,很多企业也会采取一些竞争手段。创业企业确定了目标市场之后,面对市场竞争需了解基本的竞争策略。

思考题

1. 市场竞争分析包括哪些内容?
2. 创业市场竞争策略有哪些?

实践训练

小组名称				
姓 名		学 号		
任务名称	创业市场竞争分析			
任务描述	请用市场竞争分析的相关理论,对自己小组选择的创业项目进行创业市场竞争分析。			
任务分工				
过程记录	评估点		项目名称(自己组项目):	
	相近品牌竞争者			
	同需要竞争者			
	行业竞争者			
	同行业竞争者			
	同消费群体竞争者			
	综合评价			
反 思				
增值评价				

学习笔记

姓　名：	学　号：
本节名称：	

▶ 第三节　创业市场营销

根据美国市场营销协会的定义，市场营销是在创造、沟通、传播和交换产品过程中，企业为客户、合作伙伴及整个社会带来价值的一系列活动、过程和体系。

基于不同的观点和学者给出的不同定义，本书认为市场营销的主要目的是创造顾客，获取新顾客和维持老顾客。从整体上看，营销过程包括前面所提到的市场细分、目标市场选择、市场定位等，还包括后面提及的产品开发与设计、营销推广计划及营销活动管理、售后服务等一系列活动。由于初创企业具有的资源有限，不像大企业能用更多的优势资源去进行营销，但仍可采取一定的市场营销策略。

一、产品导向的营销

以产品为导向的营销理论，即 4P 理论，是四个基本营销策略的组合，即产品策略(product strategy)、价格策略(price strategy)、渠道策略(place strategy)、促销策略(promotion strategy)。这些策略简称为"4Ps"。上述策略在 20 世纪 60 年代由杰罗姆·麦卡锡(Jerome Mc Carthy)提出，从供给方角度描述了如何将产品或服务成功提供给客户群体以实现产品或服务的价值。

企业市场活动受不可控因素和可控因素影响。不可控因素即营销者本身不可控制的市场、营销环境，包括微观环境和宏观环境。可控因素即营销者自己可以控制的产品、商标、品牌、价格、广告、渠道等等。"4Ps"就是对各种可控因素的归纳。

(一)产品策略

产品策略是"4Ps"市场营销策略组合的核心，是价格策略、分销策略和促销策略的基础。产品策略主要指企业面向目标市场提供满足顾客需求的有形和无形的产品以实现其价值主张。它涉及产品的品种、规格、式样、质量、包装、特色、商标、品牌以及相关服务等方面。

1. *产品层次*

企业的生产经营活动都是围绕产品和服务来进行的。企业开发满足顾客需求的产品，并将产品提供给顾客。因此，企业必须明确生产什么产品，为谁生产产品，生产多少产品。随着科学技术的快速发展和信息技术的进步，消费者需求日趋个性化，产品的内涵和外延也不断丰富和扩大。

产品层次包括核心利益、基础产品、期望产品、附加产品和潜在产品五个层次。核心利益层次是消费者购买产品时所追求的最重要、最基本的那部分利益，是产品最主要的价值所在。消费者购买某种产品不是为了获得产品本身，而是为了获得能够满足其消费需要的效用和利益。因此，核心利益层次代表产品最本质的竞争能力。基础产品层次即产品的基本形式，包括品质、特征、商标、样式和包装，是核心产品层次能够实现的外在形式。期望产品层次是消费者在购买产品时期望得到的与产品密切相关的一整套属性和条件。附加产品层次是消费购买产品时所获得的全部附加服务和利益，包括提供信贷、免费送货、免费安装、售后服务等。随着市场竞争的加剧，消费者要求不断提高，增加的服务和利益也就成为企业赢得竞争的有效手段。潜在产品层次指现有产品包括所有附加产品在内的、可能发展成为未来最终产品的潜在状态的产品，它指出了现有产品的可能演变趋势和前景。

2.品牌策略

品牌策略是指企业利用品牌影响力使产品和服务被消费者接受和认可。品牌有利于突出产品的独特性，树立产品形象，有利于保护产品不被竞争者模仿，有利于订单处理和对产品的跟踪等等。但是，不一定每个企业针对每种产品都使用品牌策略。使用该策略还必须考虑产品的实际情况。因为企业在获得品牌带来的上述好处的同时，也要为建立、维持、保护品牌付出巨大成本，如包装费、广告费、标签费和法律保护费等。

那些在加工过程中无法形成一定特色的产品，由于产品同质性很高，消费者在购买时不会过多地注意品牌，所以可以不采用品牌策略。此外，品牌与产品的包装、产地、价格和生产厂家等一样，都是消费者选择和评价商品的一种外在线索。对于那些消费者只看重产品的式样和价格而不重视品牌的产品，采取品牌策略的意义就很小。在一些超市中就存在产品无品牌的现象，如细条面、卫生纸等一些包装简单、价格低廉的基本生活用品。另外，企业实力也是考虑因素。对于实力雄厚、生产技术和经营管理水平俱佳的企业，可以考虑使用品牌策略；但对于初创企业，使用品牌策略就需要通过各种手段来使消费者达到品牌识别，这就增加了成本，无法通过降低价格来扩大销售。因此，初创企业需要结合企业实力和市场情况、产品特点等考虑是否使用品牌策略。

3.包装策略

目前，包装已成为强有力的营销手段。设计良好的包装能为消费者创造方便价值，为生产者创造促销价值。包装最基本的作用是保护产品，使其便于储运。有效的产品包装可以起到防潮、防热、防冷、防挥发、防污染、保鲜、防碎裂、防变形等作用。企业进行产品包装时需考虑包装材料的选择并进行包装技术管理。除了基础作用，包装也有利于树立产品形象，说明产品特色，吸引消费者注意力，有助于消费者迅速辨认产品品牌，增强购买信心。

（二）价格策略

价格策略主要是指企业按照市场规律通过制定价格、变动价格来实现其营销目标，包括对同定价有关的基本价格、折扣价格、津贴、付款期限、商业信用及各种定价方法和定价技巧等可控因素的组合和运用。价格策略的基础任务是定价。定价方法需要根据市场分析结果、市场竞争需要与产品服务特点来确定。企业定价包含成本导向定价法、撇脂定价法和渗透定价法。

1. 成本导向定价法

成本导向定价法是以产品单位成本为基本依据，再加上预期利润来确定价格的定价法，是企业最常用、最基本的定价方法。成本导向定价法又衍生出了总成本加成定价法、目标收益定价法、边际成本定价法、盈亏平衡定价法等几种定价方法。

2. 撇脂定价法

撇脂定价法指在产品刚刚进入市场时，将价格定位在较高水平（即使价格会限制一部分人的购买），在竞争者研制出相似的产品之前，尽快地收回投资，并且取得相当的利润。然后随着时间的推移，再逐步降低价格。一般而言，对于全新产品、受专利保护的产品、需求价格弹性小的产品、流行产品、未来市场形势难以测定的产品，可以采用撇脂定价策略。另外，竞争者短期内不易打入市场的产品也可以选择这一方法。最常见的采取撇脂定价法的产品就是商场中的服装、电子产品等。刚上市时，这些产品的定价较高，在销售收入达到一定份额或者产品退市前企业再降低其定价。

3. 渗透定价法

渗透定价法是指在产品进入市场初期时，将其价格定在较低水平，尽可能吸引更多的消费者的营销策略。它是以一个较低的产品价格打入市场，目的是在短期内促进市场成长，牺牲高毛利以期获得较高的销售量及市场占有率，进而产生显著的成本经济效益，使成本和价格得以不断降低。例如，戴尔公司采用市场渗透定价法，通过低成本的邮购渠道销售高质量的电脑产品。公司的销售量直线上升，而通过零售店销售的 IBM、康柏、苹果和其他竞争产品的价格根本无法和它们相比。渗透价格并不意味着价格绝对的便宜，而是相对于价值来讲价格比较低。可以看出，渗透定价法与撇脂定价法相反，在新产品上市初期把价格定得低些，待产品进入市场，销路打开后，再提高价格。

渗透定价法与撇脂定价法都是心理定价方法。

(三)分销策略

分销策略也称为渠道策略，指企业以合理地选择分销渠道和组织商品实体流通的方式来实现营销目标，其中包括对同分销有关的渠道覆盖面、商品流转环节、中间商、网点设置及储存运输等可控因素的组合和运用。市场营销渠道是在价值链中配合和参与生产、分销和消费某一产品或服务的那些企业、个人，包括材料供应商、生产商、中间商、辅助商、零售商。分销渠道指某种产品和服务在从生产者向消费者转移的过程中，取得这种产品和服务的所有权或帮助所有权转移的所有企业和个人，包括经销中间商、代理中间商等。

分销渠道设置需考虑层级和宽度。

1. 直接渠道和间接渠道

直接分销渠道是指生产者将产品直接供应给消费者或用户，没有中间商介入，即通常所说的零渠道。直接分销渠道的形式是：生产者—用户。直接渠道主要用于工业品分销，如大型设备、专用工具及因技术复杂等需要提供专门服务的产品都采用直接分销。消费品中有部分也采用直接分销，如不易保存的鲜活商品等。还有非常重要的一个业态就是互联网时代下很多基于互联网的创业项目也没有中间渠道。产品直接从生产者转移到消费者手中，减少了中间环节，降低了成本。企业直接分销的方式很多，包括订购分销、自开门店销售、联营分销。例如，很多工业品采取订购分销的方式；进行矿石加工的企业不必自设门店，而是直接派推销员联系矿石生产企业。当这些企业再将产品销售给产业链其他环节的企业时，又可以采取联营分销的方式；有些种植农产品的创业企业也可以采取订购分销，选择一些城市，在人口集中的地方自设门店来推广产品，直接面向消费者。

间接渠道是指生产企业通过中间环节把产品传送给消费者。间接分销渠道的典型形式是：生产者—批发商—零售商—个人消费者（少数为团体用户）。间接渠道是消费品分销的主要类型，工业品中也有许多产品采取间接分销的方式，如化妆品就通过中间商在商场销售。

当前在多数市场中消费者占主导地位，消费者需求越来越丰富，各级企业、各类企业的联系也日益紧密。因此，创业企业是否利用渠道、如何利用渠道实现产品销售是考验创业者的一大课题。

2. 宽渠道与窄渠道

分销渠道的宽度是指渠道的每个层次拥有同种类型中间商数量的多少。如果企业使用的同一层级同类中间商较多，产品在市场上的分销面较广，则为宽渠道。例如一般的日用消费品，其消费需求非常广，可由多家批发商经销，也可转给多家零售商。如果企业使用的同一层级同类中间商较少，则为窄渠道。例如一些专业技术较强的产品，或者一些贵重的耐用消费品，一般由一家或几家中间商分销。

对初创企业而言，企业实力有限，产品和服务很难在很短的时间内为顾客所接受，可以借助与其他企业合作，比如利用其他企业的营销渠道、生产能力，通过捆绑式销售来推广自己的产品和服务；也可以依附于成熟企业，借助品牌广泛度，将产品推向市场。但是，借助成熟企业必须考虑避开竞争，同时在市场里占有一席之地后应尽快建立自己产品和服务的知名度和认同度。创业企业还可以自己建立营销渠道，特别是互联网项目，可以通过良好的网络营销方案将产品和服务推向广大消费者。

（四）促销策略

促销策略是指企业利用各种信息传播手段激起消费者的购买欲望，促进产品销售，实现营销目标。企业通过组合运用与促销有关的广告、人员推销、营业推广、公共关系等可控因素，向消费者或客户传递产品信息，引起他们的兴趣，激发他们的购买愿望和购买行为。企业促销一般有两种方式，一是人员推销，即推销员和消费者面对面进行推销；另一种是通过大众传播媒介向消费者传递信息，主要包括广告、公共关系和营业推广等多种方式。

与成熟企业不同，初创企业在市场竞争中处于劣势，一般促销策略应采取能够马上吸引顾客、保证良性循环的方式。初创企业可以通过他人推荐来扩大企业知名度，通过良好的人际关系网络以良好的口碑树立产品和服务的形象进行宣传推广。这种促销方式虽然速度较慢，但效果却非常稳固并且成本很低。初创企业还可以借助良好的公共关系进行产品或服务推广。例如企业可通过新闻媒体报道企业开发的新产品并将产品有关信息传递给顾客，也可与外部行业协会、技术专家及中间商建立良好的沟通，或与政府建立良好的沟通促进产品或服务的推广。初创企业也可以进行广告促销，根据产品和服务面向的客户群体特点，选择传统媒体或新媒体投放广告。

二、顾客导向的营销

虽然"4Ps"营销组合被创业企业接受并广泛地运用于实践，但其在一些方面存在局限。一些市场实践者和营销研究者认为此理论执着于营销者对消费者做什么，而不是从顾客或整个社会利益来考虑，这实际上仍是生产导向观念的反映，没有体现市场导向或顾客导向。随着以消费者为中心时代的来临，消费者需求形态差异变大，整个社会充满了个性化。为此，劳特朋(Robert Lauterborn)先生于1990年提出了新的观点，即以消费者需求为导向的"营销的4C"理念。该理念强调企业首先应该把追求顾客满意放在第一位，其产品必须满足顾客需求。

这个理论重新设定了市场营销组合的四个基本要素：4C即顾客(Customer)、成本(Cost)、便利(Convenience)、沟通(Communication)。

(一)顾客

企业必须首先了解和研究顾客，根据顾客的需求来提供产品和服务。同时，企业提供的不仅仅是产品和服务，更重要的是由此产生的客户价值。

(二)成本

成本不单是企业的生产成本，它还包括顾客的购买成本，同时也意味着产品定价的理想情况应该是既低于顾客的心理价格，又能够让企业盈利。此外，顾客购买成本不仅包括货币支出，还包括顾客为此耗费的时间、体力和精力，以及购买风险。

(三)便利

企业应为顾客提供最大的购物和使用便利。企业在制订分销策略时，要更多地考虑是否能方便顾客，而不是方便自己。企业要通过好的售前、售中和售后服务让顾客在购物的同时也享受到便利。便利是客户价值不可或缺的一部分。

(四)沟通

企业应通过同顾客进行积极有效的双向沟通，建立基于共同利益的新型企业顾客关系。这不再是企业单向的促销和劝导，而是在双方的沟通中找到能同时实现各自目标的途径。

其实，"4Ps"与"4Cs"是互补关系而非替代关系。如其中的顾客，是指用"客户"取代"产品"，要先研究顾客的需求与欲望，然后再去设计、生产和销售顾客确定想要买的产品；成本，是指用"成本"取代"价格"，要先了解顾客要满足其需要与欲求所愿意付出的成本，再去制定定价策略；便利，是指用"便利"取代"地点"，指制定分销策略时要尽可能让顾客方便；沟通，是指用"沟通"取代"促销"，"沟通"是双向的，"促销"无论是推动策略还是拉动战略，都是单向的。

"4Cs"营销理论以顾客为导向，而市场经济要求的是竞争导向。顾客导向与市场竞争导向的本质区别是：前者看到的是新的顾客需求；后者不仅看到了需求，还更多地注意到了竞争对手，能冷静分析自身在竞争中的优、劣势并采取相应的策略，在竞争中求发展。另外，顾客需求也存在合理性问题。顾客总是希望产品质量好、价格低，特别是在价格上的要求是无界限的。只看到满足顾客需求的一面，企业必然要付出更大的成本，久而久之，会影响企业的发展。所以从长远看，企业经营要遵循双赢的原则。

如今，信息时代使营销发生巨大改变，传真、电子邮件、互联网和无线技术给营销的方式带来了革命性的变化，甚至在某些方面挑战着传统的营销理论。互联网时代，产品价格将更加透明，超竞争使价格下跌，客户可以定制自己需要的产品。小米就是利用反向营销，通过互联网征询顾客的意见改进手机的设计，再向顾客推出产品，并通过互联网由顾客自己相互宣传从而扩大销售。另外，互联网对于消费者而言最大的好处就是消除了很多中间层级，使渠道扁平化。很多企业可以通过微信、网络社区群等进行营销。不仅如此，企业可以依靠更多信息来进行决策和营销，可以通过自动化软件来完善售后服务。

初创企业可以参考成熟企业在经营管理中的一些策略和办法，但需要有所取舍、有所侧重。初创企业首先需要保证生存。因此正确的营销策略显得非常重要。创业企业需要看清全球化、WTO及行业的发展趋势，也需要看清楚自己生存的微观市场环境，需要知道自己的客户究竟在哪里，如何开发出吸引顾客的产品和服务，并研究具体的销售策略将产品和服务传递给顾客群体。与成熟企业相比，创业企业在营销方面也具有一些优势，例如更贴近顾客、更了解客户需求，市场反应和调整速度更快，通过集中化策略更易维护好客户关系等。所以，创业企业可以借鉴传统理论，跟上时代发展步伐并结合自身实力开展市场营销活动。

思考题

1. 产品策略包括哪些内容？如何进行定价？
2. 如何借助渠道与促销推广产品？

▶ 第四节 创业市场调查

寻找真实需求、确定目标市场、进行市场营销、参与市场竞争，都需要通过市场调查来获取市场信息从而对其进行分析。市场调查（Marketing Research）是指运用科学的方法，有目的地、系统地搜集、记录、整理有关市场信息和资料，分析市场情况，了解市场的现状及发展趋势。对于初创企业，市场调查不仅可以为市场预测和营销决策提供客观的资料，也可以为最初的创意和创业机会评估提供依据。市场调查包括市场环境调查、市场状况调查、销售可能性调查、消费者和消费需求调查、企业产品调查、产品价格调查、影响销售的社会和自然因素调查和销售渠道调查等。

一、市场调查的作用

(一)有助于学习先进经验和最新技术

当今时代科技飞速发展，新发明、新创造、新技术和新产品层出不穷。通过市场调查，我们能及时地了解最新的市场动态和科技信息，创业企业能更好地学习和吸取同行业的先进经验和最新技术，有利于企业的生存和发展。

(二)为企业决策提供依据

任何一个企业都只有在对市场情况有实际了解的情况下，才能有针对性地制定市场营销策略和经营发展策略。创业企业制定产品策略、价格策略、分销策略、广告和促销策略时，需要了解和考虑很多问题，如本企业产品在什么市场上有发展潜力，在哪个目标市场上销售，预期的销售数量是多少，如何才能扩大企业产品的销售量，如何制定产品的销售价格，保证销售和利润都能增长，怎样组织产品推销，销售费用又将是多少，等等。通过市场调查得来的信息可作为企业决策的依据。

(三)增强企业的竞争力和生存能力

市场情况在不断地发生变化。促使市场发生变化的原因包括产品、价格、分销、广告、推销等市场因素和政治、经济、文化、地理条件等环境因素。这些因素之间既相互联系又相互影响。因此只有通过广泛的市场调查，及时地了解各种市场因素和环境因素的变化，企业才能及时调整，应对竞争。

二、市场调查的内容

市场调查的内容是指在进行市场调查工作时应该调查的问题和所需要搜集的资料。这是调查工作的目标所在，因此，在开展市场调查前首先要明确调查目的。

✍ 案例

<h3 align="center">新可口可乐跌入调研陷阱</h3>

20世纪70年代中期以前，可口可乐公司在美国饮料市场上占据龙头老大的地位。然而70年代中后期，百事可乐迅速崛起，可口可乐的市场份额仅领先百事可乐3个百分点。为了应对百事可乐的竞争，可口可乐公司进行了一项代号为"堪萨斯工程"的市场调研活动。1982年，可口可乐广泛地深入到10个主要城市进行市场调查，调查目的是确定口味因素是否是可口可乐市场份额下降的重要原因，同时征询顾客对新口味可乐的意见。于是，在问卷中，公司询问了"你想试一试新饮料吗？""可口可乐口味变得更柔和一些，您是否会满意？"等问题。最后调研结果表明，顾客愿意品尝新口味的可乐。这一结果更加坚定了可口可乐公司决策者们的想法——长达99年的可口可乐配方已不再能满足今天消费者的需要了。

于是，满怀信心的可口可乐公司开始着手开发新口味的可乐。在新可乐推向市场之初，可口可乐公司又不惜血本进行了一轮口味测试。结果60％的消费者认为新可乐比原来的好，52％的人认为新可乐比百事可乐好。新可乐的受欢迎程度一下打消了可口可乐公司领导者原有的顾虑。可口可乐公司为了争取市场，不惜又一次投入巨资帮助瓶装商们重新改装生产线。在新可口可乐上市之初，可口可乐又通过广告大造了一番声势，收到了良好收益。但是，口味的改变受到了原可口可乐消费者的抵触，顾客的愤怒情绪犹如火山爆发般难以控制。每天，可口可乐公司都会收到来自愤怒的消费者的成袋信件和1500多个电话。数量众多的批评迫使可口可乐公司不得不开通83部热线电话，雇请大批公关人员来安抚愤怒的顾客。当时，由于传统老口味的可口可乐产量减少，消费者将其居为奇货，传统可乐的价格竟在不断上涨。在又一次顾客意向调查中，30％的人说喜欢新口味可口可乐，而60％的人明确拒绝新口味可口可乐。可口可乐公司不得不恢复传统配方的可口可乐的生产，同时也保留了新可口可乐的生产线和生产能力。公司花费了400万美元，进行了长达2年的调查，却没有获得成功。

可口可乐公司的新产品为什么会出现问题？

新可乐的失败，最大的问题就是出在调研上。根据调研所得出的结果，新可乐应该是很成功的，然而结果却截然相反，为什么呢？可口可乐公司的测试没有明确告知消费者新可乐是要取代旧可乐的。调查只限于口味问题，没有考虑无形的资产——可口可乐的名称、历史、包装、文化遗产及产品形象。对许多人来说，可口可乐与棒球、热狗和苹果派一起成为美国的习俗，它代表了美国的社会文化。可口可乐公司忽略的就是这一点。对于许多消费者来说，可口可乐的象征性意义比它的口味更重要。如果当时调查的范围更广、程度更深，公司应该能发现这些情感因素。

一般来说，我们可以把有关市场调查的问题归结为两个方面：市场潜力调查和适销产品市场情况调查。

1. 市场潜力调查

市场潜力是指产品在目标市场的销售前景，市场潜力调查的目的是通过调查查明直接影响产品在目标市场上销售的各种因素，明确地分析在目标市场上组织销售产品的可行性及产品发展前景，以便更好地选择产品的目标市场。影响产品的市场潜力的因素主要有如下几个方面：市场所在地的政策法规；市场容量、消费方式和消费需求；影响需求的各种因素及市场竞争等。

2. 适销产品的市场调查

适销产品是指产品本身符合市场的需要，符合消费习惯，并为消费者所喜爱。产品要适销对路，首先要满足消费者的喜好和要求。因此要对消费者的喜好和要求进行调查，同时还要对目标市场进行细分，了解各类顾客对产品的爱好和要求。

三、市场调查的步骤

市场调查没有固定的形式。就其共性而言，市场调查一般分为4个阶段，即准备阶段、调查阶段、分析阶段、总结阶段，如图4-3所示。

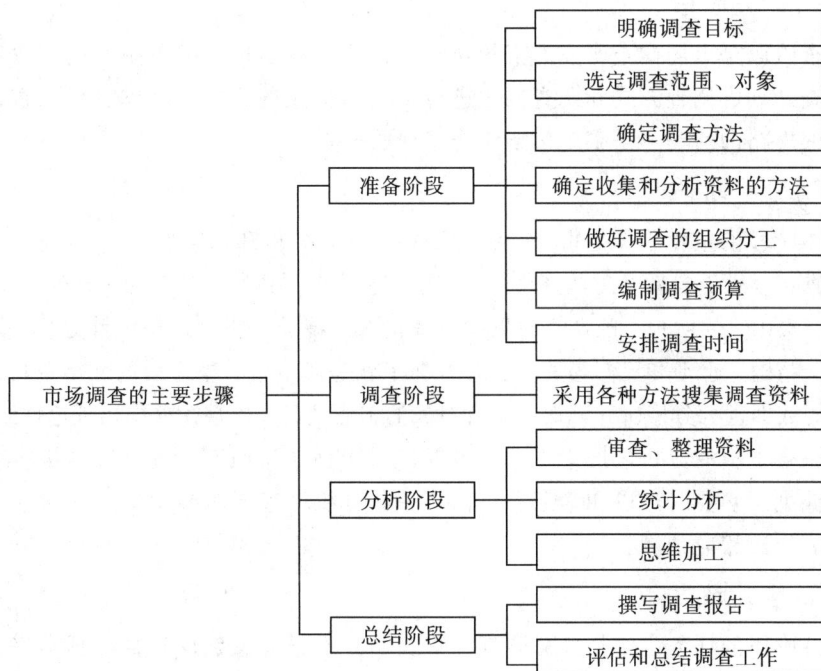

图4-3　市场调查流程示意图

(一)准备阶段

准备工作的充分与否直接决定整个调查活动的成败。准备阶段主要包括以下几个方面。

1. 明确调查目标

对创业者而言，市场调查的主要目标就是了解市场各要素的具体情况，为自己选择创业行业、创业项目和创业模式等提供必要的决策参考。整个市场调查活动都要紧紧围绕调查目标进行。

2. 选定调查范围、调查对象

由于人力、财力有限，为确保调查的针对性和有效性，就要确定调查范围和调查对象，从而取得相对准确的调查结果。

3. 确定调查方法

方法决定结果。市场调查有很多种方法，例如文献法、问卷法、访谈法、观察法等，每种方法都有各自的优缺点和适用范围。在调查的准备阶段，调查者需对各种方法的使用了然于胸，根据自己的调查目标和调查内容确定适当的调查方法，或使用其中一种，或结合使用多种方法。

4. 其他内容

市场调查是一项综合性的实践活动，需要各个环节的紧密配合。在调查准备阶段，还需确定收集和分析资料的方法、做好调查的组织分工、编制调查预算、安排调查时间等。

(二)调查阶段

调查阶段是市场调查研究方案的执行阶段，主要是按照准备阶段调查方案所确定的调查计划、调查方式和调查方法进行资料和信息的收集，具体贯彻调查设计中所确定的思路的活动，是整个市场调查过程的核心。

(三)分析阶段

这一阶段的主要工作是审查、整理资料，统计分析和思维加工。

审查、整理资料就是对调查获得的文字和数字资料进行审核、加工，使之条理化、系统化，集中、简明地反映调查对象的总体情况。统计分析是运用统计方法揭示调查的规模、结构、水平和比例等关系。思维加工就是对审核、整理后的文字资料和经统计分析的数据进行分析研究，揭示调查对象的本质及其发展规律并得出理论性结论。

对调查资料的分析比搜集资料更重要。对于创业者而言，分析应尽量客观，排除个人偏见，必要时可以和第三方机构等一起分析，甚至转换角度站在对立面来分析，然后作出相应预测。

(四)总结阶段

总结阶段的任务主要是撰写调查报告。调查报告应做到反映情况真实完整，所作分析客观科学，所得结论明晰准确。即使在对未来的预测中存在多种可能，每种可能也要有一定的确定性。

一份完整的调查报告包括以下 5 项内容。

1. 调查目的

介绍本次市场调查的主要目标。

2. 调查范围

调查范围包括调查对象、调查时间、调查地点。

3. 调查方法

调查方法包括文献法、问卷法、访谈法、观察法、实验法或者几种方法相结合。

4. 调查内容

这部分是调查报告的主题，包括资料、分析、结论等内容，其中结论是报告的重点，要通过认真研究和科学分析，使报告具有一定的确定性。

5. 提出建议

整理、分析调查报告，形成初步构想，提出方案。

思考题

1. 市场调查的步骤是什么？

实践训练

小组名称				
姓　名		学　号		
任务名称	市场需求调查训练			
任务描述	请结合小组项目，按照下列问题，在班级内开展市场需求调查训练。			
任务分工				
过程记录	调查项目（或产品）名称：			
	序号	问题		调研结果
	1	产品的需求量是多大？		
	2	消费者可能的购买行为动机是什么？		
	3	消费者喜欢用哪种方式进行购买？		
	4	产品最令人满意和最不令人满意的地方在哪里？		
	5	同类型的产品中，哪些品牌是消费者喜欢的？		
	6	消费者能够接受的产品价格范围是多少？		
	7	消费者对产品还有其他需求吗？		
	8	若有其他问题，可自行补充		
反　思				
增值评价				

学习笔记

姓　名：	学　号：
本节名称：	

第五章 创业资源

学习目标

❖ 了解创业资源的概念、类型。

❖ 了解关键创业资源的内涵。

❖ 掌握整合创业资源的方法、原则。

❖ 掌握创业融资的渠道和路径。

案例导入

勤奋造就专业 彩绘成就创业

20 岁的武汉大学在校生小李还在学校读书就已经成立工作室，与合作商谈起业务胸有成竹。当老板的同时，他也不耽搁学习，学习成绩名列前茅，还攻读了人力资源管理。

曾做过销售和管理工作的小李，大学期间一直致力于创新创业活动，并对创业非常感兴趣。在发现武汉的墙绘市场后，他在 2018 年与合伙人共同创办了颢天墙体彩绘工作室。

"我创业不太想向家里要钱，因为只有这样才能用尽全力去拼。"创业初期，没有经费用来做宣传，小李就用最笨的方法，不畏严寒酷暑，以武汉市洪山区为起点，骑车子、坐公交去跟图文、广告、装修公司谈合作、跑业务，去装修工地亲自与老板交谈。在这个过程中，他曾遭到无数白眼、轻蔑及打击。人们都不相信这个年轻的小伙子能做出好墙绘。再后来，事情有了变化，这位大学生老板逐渐能够熟练地与合作商恰谈业务。在此之前，他所遭受的磨练及挫折也只有自己知道。

创业没有一帆风顺的。在没单子做的时候，小李也曾灰心丧气，但他知道，成功并不是一朝一夕的事情。他深深地明白，创业要靠实践及顽强的拼搏精神。

每当遇到一些加急的单子，他常常从早上 8 点画到晚上 12 点，这需要的不仅仅是绘画功底，还有持久的体力和毅力。高空作业时，在强大的施工压力下，稍微一不留神，他就可能失足掉落下来。小李知道命运掌握在自己手里，趁着年轻，就要努力克服艰难困苦，勇往直前！

小李是美术生，对彩绘、壁画有独特的见解。因为他的设计技能突出，小李总能设计出让客户满意的墙绘。从小型工程到大型工程，从室内作业到室外作业再到高空作业，他一步一个脚印，走得越来越远。与此同时，小李在学习公共艺术设计专业之余，还攻读了人力资源管理专业，对公司运营模式、市场营销和企业战略管理等都进行了专业系统地学习。他相信自己能成就一番大事。

小李表示，一些大学生拿创业当儿戏，认为失败了也没什么，或者从一开始就没想过会成功，又或者是成功了一小步就沾沾自喜导致全盘皆输。事实上，不管是想真正创业还是想融入其中学习和丰富自己，拓展自己的经历，大学生都要严肃对待这件事。因为从那一刻起，大学生们不只是对自己负责，更要为团队、为社会、为国家负责！

问题探讨

1. 你认为小李创业成功的原因有哪些？
2. 你认为获取创业资源的途径有哪些？
3. 从小李的创业过程中你能学到什么？

第一节　创业资源概述

美国著名的创业学教育和研究的领袖人物蒂蒙斯(Jeffry A. Timmons)提出了创业三要素，即机会、资源和团队。他认为，资源对于创业者的重要性如同颜料和画笔对于画家的重要性。具有了创作的灵感和创作的画布，画家只有用颜料和画笔才能创作。同样，创业者只有具备了足够的资源，才能将好的创意和符合市场需求的创业机会付诸商业实践。因此，拥有一定的创业资源是创业成功的必要条件。成功的创业者，往往重视使用、优化和管理资源，能通过创业团队使有限的资源发挥最大效用。

一、创业资源的内涵

创业资源是新建企业在创造价值过程中所需要的特定资产，包括企业所需要的各种生产要素和支撑条件。创业资源是企业建立和运营的必要条件。

为了更好地了解和研究创业资源，学术界对其赋予了不同的定义。

从广义上看，创业资源是能够支持创业者进行创业活动的一切东西。创业资源既包括可见的物质资源，如厂房、机械设备、资金等，又包括不可见资源，如创业战略、创业方案、知识、技术、创业团队等；既包括创业者实际拥有的资源，又包括创业者可间接获取的资源，如广泛的社会关系等；既包括体现创业者个体特征的个体资源，又包括组织性、社会性的资源；既包括国内各种资源，又包括国外提供的丰富资源。总而言之，广义上的创业资源包括使创业者的创业活动顺利进行的一切支持性资源。

从狭义上看，创业资源是促使创业者启动创业活动的关键优势资源。关键优势资源是指建立企业赢利模式的业务系统所必需的、重要的资源与能力，如麦当劳的标准化资源与能力、海尔的创新资源与能力、沃尔玛的低成本战略资源与能力。并不是企业现有的所有资源与能力都同等珍贵，也不是企业的每一种资源和能力都是企业所必需的。只有和企业定位、盈利模式、整个业务系统流程、现金流结构相契合并且能互相强化的资源和能力才是企业真正需要的。

案例

"从无到有"之路

陈先生毕业于北京大学，放弃了让人羡慕的公务员工作毅然下海。他曾涉足白酒和房地产领域，还打造了"天地壹号"苹果醋品牌。进入养猪行业后，他用不到两年的时间在广州开设了近100家猪肉连锁店，营业额达到2个亿。

陈先生的创业经历丰富。他卖过菜、卖过房子、卖过饮料……丰富的经历使陈先生对创业具有独到的见解。他说，很多事情不是具备条件、做好了调查再去做就能做好，而是在条件不充分的时候就要开始做，这样才能抓住机会。他卖白酒时，根本没有能力投资数千万设立厂房，于是他直接从农户那里收购散装米酒，从而免去了在固定设施上的投资。通过这种方式，产能达到投资5000万的工厂的数倍。但为了长久发展，此后他利用积累起来的资金租用厂房和设施，开始打造自己的品牌。迅速进入和快速占领市场，让他在白酒市场上打了个漂亮仗。当许多人跟风学习用陈醋兑雪碧做饮料的方法时，善于抓住机会的陈先生想到了将这种饮料生产出来的方法。经过多次尝试，著名的"天地壹号"苹果醋面市。资金积累更多时，陈先生发现了传统猪肉行业中的巨大商机。中国每年消耗猪肉约500亿公斤，按每公斤20元算，年销售额就高达上万亿。与其他行业相比，猪肉生产没有形成产业化，市场竞争不激烈，猪肉产品档次不高，这意味着猪肉行业存在巨大商机。陈先生进行资源整合，并开辟了"公司＋农户"的合作方式，针对学生、部队等不同人群，选择不同的农户，对其提出不同的饲养要求。2007年，壹号土猪品牌进入市场，2010年壹号土猪的营销模式亦获得最佳商业模式奖。

二、创业资源的类型

(一)创业资源分类

依据不同的分类标准，创业资源能划分为不同的类型。了解其分类可以帮助我们进一步认识创业资源。

1. 直接资源和间接资源

按照资源要素对企业战略规划过程的参与程度，创业资源可以分为直接资源和间接资源。财务资源、管理资源、市场资源、人才资源是直接参与企业战略规划的资源要素，属于直接资源；政策资源、信息资源、科技资源可为创业企业成长提供更多便利和支持，但并不直接地参与创业战略的制定和执行和创业战略的规划，属于间接资源。

2. 核心资源和非核心资源

根据资源基础论，创业资源可以分为核心资源与非核心资源。

核心资源主要包括人力、管理和技术资源，涉及新建企业有别于其他企业的核心竞争力，是创业机会识别、机会筛选和机会运用几大阶段的主线。人力资源对于企业来说，主要表现为一种知识财富，是企业创新的源泉。高素质人才的获取和开发是新建企业可持续发展的关键。创业者自身素质的高低对创业企业的成长有至关重要的作用。管理资源又可理解为创业者和创业团队管理素质方面的资源。科技资源是一种积极的机会资源。对于新建企业来说，主动引进或研发有商业价值的科技成果是企业的立身之本和竞争能力之源。腾讯最初通过模仿研发了 QQ，开发了方便的即时对话窗口，随后又通过技术革新设计了微信，引领了移动互联的沟通。

非核心资源主要包括资金、场地和环境资源。资金资源是创业企业开发机会、实现预期盈利目标和保持稳定的资金周转率的重要保障。良好的场地资源能够为企业大幅度降低运营成本，提供便利的生产经营环境。环境资源也是影响创业企业发展的一种外围资源。根据《全球创业观察（中国）报告》，基于 2002 年至 2012 年的数据，中国的创业环境资源位于全球 69 个国家和地区的中游水平，这些环境资源包括金融支持、政府项目、创业教育与培训、创业商务环境。当然，这几年中国大力扶持创业，创业环境已有较大改善。

此外，信息资源是在信息活动中积累起来的以信息为核心的各类信息活动要素，包括信息技术、设备设施及生产者信息等。文化资源虽是非核心资源，但是在当今发挥着越来越重要的作用，可以推动创业项目的持续发展。

3. 内部资源和外部资源

按照创业企业资源的归属权，创业资源可分为内部资源和外部资源。内部资源来自内部的积累。这些资源为创业团队自己所拥有，可以自由支配和使用。创业者带领的创业团队、员工、土地、自有资金、设备、技术、获得的创业机会信息、自建的营销网络、控制的物质资源或管理才能等都是内部资源。外部资源更多来自对外部机会的发现。这些资源并不归创业企业所有，如来自朋友、亲戚、商务伙伴或其他投资者的资金，借用的空间、设备或其他原材料（有时是由客户或供应商免费或廉价提供的），通过提供未来服务和机会等换取的资源及社会团体或政府的资助。

以上是对资源分类比较一致的几种看法。对资源的具体分类，目前没有统一的标准，但是巴尼（Jay B. Barney）曾提出资源效用标准，即资源的价值性、稀缺性、不可模仿性和难以替代性等。

（二）主要资源形态

林强提出一种分类标准，即按照资源对企业成长的作用将其分为要素资源和环境资源两大类。要素资源指直接参与企业生产、经营活动的资源，包括场地资源、资金资源、人才资源、管理资源、科技资源等；环境资源指未直接参与企业生产经营，但能极大地提高企业运营效果的资源，包括政策资源、信息资源、文化资源、品牌资源等。要素资源可以直接促进新建企业的成长，而环境资源可以影响要素资源，间接促进企业的成长。

1. 场地资源

场地资源是要素资源中最基础的资源，任何企业都需要办公场地。对生产型的企业而言，还需要用于生产的厂房。为厂房选址需考虑环境因素和成本问题，比如厂房所在地的交通情况、场地租金、劳动力成本和技术技能水平等。传统经营型和服务型企业对企业场所的要求也比较多，要求场地内部拥有健全的基础设施建设，便捷的计算机通信系统，良好的物业管理和商务中心，以及便捷的交通和较好的生活配套等。知识密集型企业也很注重场地环境能否体现企业形象与文化。这些要素也成为吸引人才和其他合作者加入的重要条件。

2. 资金资源

资金资源对于任何一个企业都非常重要。创业企业发展过程中的不确定性和较低的风险承担能力会导致其资金供给障碍。资金的限制、融资渠道不畅、投融资双方沟通障碍等常常使好技术和周密的商业计划得不到实施，或者在实施过程中被迫中断甚至停止。融资问题也使创业企业的灵活性优势难以得到发挥，加剧了企业在财务上的负担。这也是初创企业比大企业更容易陷入破产境地的一个重要原因。及时的银行贷款和风险投资、各种政策性低息或无息扶持基金及较低的租金等，都为初创企业发展提供了良好的资金来源。

3. 人力资源

人力资源是对创业企业发展更重要的能动因素。高素质人才的获取和开发是现代企业可持续发展的关键。当代企业管理中的人才已经由传统的劳动力转变为人才资本。企业需要的是能够为我所用的人。从创业管理的角度来说，初创企业更需要能够与企业"绑在一架战车上的斯巴达斗士"，而不只是一个职业人。因此，在合适的位置选择合适的人是重要的人力资源管理规则。创业者的人脉圈子，也是决定创业成功与否的重要因素。创业者往往靠自己的人脉圈组建核心团队。有人说，得合伙人者得天下。"腾讯五虎"、新东方的"三驾马车"、"携程四君子"都是校友。他们成为合伙人建立了团队，才逐步发展到今天。

4. 技术资源

技术资源在当今创业时代是企业成长与发展的强大助推器。技术的进步可以极大地影响企业的产品、市场、服务、供应商、分销商、客户甚至营销方法等，从而改变相对成本和竞争地位。高科技新创企业更是靠研发和生产科技产品占据优势。积极引进寻找有商业价值的科技成果，加强和高校科研院所的产学研合作，有助于加快产品研制和成型的速度，缩短产品进入市场的时间，为企业的市场竞争提供有力支持。华为多年来走的就是一条自主研发和创新的道路。世界知识产权组织最新报告显示，2014 年华为以 3442 件的专利申请数超越日本松下公司，成为当年申请国际专利的冠军。过去十年中，华为的研发投入累计达 1880 亿元人民币，17 万员工中研发人员占 45%。

5. 政策资源

政策资源不仅包括关乎企业发展的相关政策制度，还包括配套措施及法律法规。掌握和了解更多的政策资源，有利于创业者及时、准确地了解政策，发现和捕捉到更多更好的创业机会和创业项目。从中国的创业环境看，国家和地方政府及一些社会机构都给予创业企业有力的支持，在政策允许的条件下，为初创企业提供了更多的国内外人才、贷款和投资、具有明确产权关系的科技成果、各种服务及场地等。

6. 信息资源

良好的信息资源环境是企业运营的基础和保障。信息的传递包括企业内部的信息传递、企业和外部环境之间的信息传递。一个成功的有效率的企业，信息一定是畅通的、及时的、准确的。信息传递的不平衡是绝对的，平衡是相对的。信息传递不平衡带来的信息失真、信息失效、信息丢失等会给企业带来巨大的损失。专业机构对于信息的搜集、处理和传递，可以为创业者制定研发、采购、生产和销售决策提供指导和参考。由于竞争十分激烈，高科技新创企业更加需要丰富、及时、准确的信息，以争取到更多的要素资源。这种信息如果由创业者通过市场调研分析获得，成本可能过高。因此，此类信息常常由专业机构提供。梁先生本来是广东一家产销首饰的大户。1998 年他无意间看到报纸上的一则新闻，其中提到一位国务院领导以国产指甲钳质量不高为例，要求轻工企业努力提高产品质量。这为他带来一个信息，就是国内还没有生产质量很好的指甲钳的企业。他意识到这是一个新的市场机会，于是他做起指甲钳来。经过多年努力，现在他是国内最大的中高档指甲钳供应商，年销售额两亿元。

7. 文化资源

文化资源是企业内在软实力的具体体现。企业文化是企业全体员工行为习惯的总和。良好的企业文化资源是培养高素质人才的有效途径，同时也是提升企业形象、增加企业附加值的重要手段。对于新创企业来说，文化资源尤为珍贵。文化对于创业企业和创业者有着极大的精神激励作用，能使新创企业以更强的动力和能力去有效组合要素并创造价值。硅谷成功的一个很重要的原因就是那里有浓厚的文化氛围，如鼓励冒险、容忍失败等。雕爷牛腩是一家轻奢餐品牌，其烹饪牛腩的秘方是向电影《食神》的原型人物香港食神戴龙以 500 万元购得。该品牌拟用一种大家认同的文化，聚拢讲求品位的顾客。同时店面的装修、互联网上的互动也都以营造这种独特的餐饮文化氛围为目的。

8. 品牌资源

品牌资源是指企业品牌本身及围绕品牌的创建、传播、培育、维护、创新等方面的一切可利用资源，包括品牌本身、企业内部可利用资源和企业外部可利用资源，如资本资源、技术资源、传媒资源、文化资源等。从品牌的系统管理角度看，首先可将品牌视为企业的一种重要资源；其次，围绕着品牌资源的开发与利用，企业需要整合一切可利用资源；最后，企业可形成品牌资源的系统管理流程。

三、创业资源与一般商业资源的异同

在管理学研究中，资源就是企业作为一个经济实体，在向社会提供产品或服务的过程中所拥有或者所能够支配的能够实现公司战略目标的各种要素及要素组合。这些要素或者要素组合包括企业所有的资产、能力、组织结果、企业属性、信息、知识等。这些都是创业资源与一般商业资源所共有的特征。

但是，与一般意义上的商业资源不同，创业活动发展和创业过程推进所需的资源有其独特性。创业资源所涵盖的内容和侧重点也与一般商业资源不同。创业资源是企业的创建和成长和过程中的最关键要素。因此，我们把新创企业创立及成长过程中所需要的各种生产要素和支撑条件定义为创业资源，它不同于一般意义的商业资源。

1. 从创业过程本身来看，创业成长的过程就是创业者组合创业资源、形成产品（或服务）并创造价值的过程。熊彼特认为"创业者的功能就是实现新组合"，这种新组合的对象就是创业资源。创业者实施新组合的途径包括产品（或服务）创新、工艺创新、市场创新、原材料创新和组织创新。新组合的目的就是实现产品（或服务）的市场价值并创造超额利润。因此，创业资源是创业者必须时刻放在最重要地位并反复估量权衡的对象。

2. 创业资源的获取途径主要有两个方面：外部获取和内部积累。创业者开始创业时，一般都会遇到资源短缺的问题。一方面，企业的创新和成长需要大量的资源；另一方面，企业自身还很弱小，缺乏自我积累的资源。在创业过程中，创业者要能够积极把握各项外部资源，加强获取外部资源的能力，利用外部资源支持创业成长。

3. 创业资源不仅包括一般意义上的生产要素，还包括一些支撑条件。相较于成熟的大企业，新创企业更需要一些成熟的支撑条件，例如政策上的支持、良好的创业文化氛围等。如果没有这些支撑条件，创业者或者根本无法开展创业活动，或者无法顺利开展创业活动。

思考题

1. 资源的分类有哪些？
2. 创业资源与一般商业资源有哪些不同？

实践训练

请根据下面所列举的资源名称，对其进行归类，并填写在创业资源分类表中。

小组名称			
姓　名		学　号	
任务名称	创业资源分类		
任务描述	1. 以小组为单位进行课堂活动，小组成员5～6人，组长1名。 2. 进行讨论分析，并对资源进行分类。 （见下表）		
任务分工			
过程记录			
反　思			
增值评价			

资源名称	类型
华为核心研发团队	
银行500万元贷款的承诺	
跷脚牛肉店古色古香的装修	
租用的厂房	
创业者的编程技能	
创业者通过房屋抵押得到的贷款	
赊欠来的一批原料	
将产品运输外包给物流公司	
孵化园减免了公司的水电和物业管理费	
律师朋友提供免费法律咨询	

学习笔记

姓　名：	学　号：
本节名称：	

第二节 创业资源整合

案例导入

蒙牛的诞生之路

蒙牛刚创立时，面临没有奶源、没有工厂、没有品牌的局面。企业领导通过人脉关系找到了哈尔滨的一家乳制品公司。这家公司的设备都是新的，但是生产的乳制品质量有问题，同时由于没有打通营销渠道，所以产品一直滞销。蒙牛提出让该公司进行生产，为该公司提供技术并承担多种产品的销售铺货，该公司欣然同意。之后蒙牛又打出"蒙牛甘居第二，向老大哥伊利学习"的宣传，借助伊利提高了自己品牌的知名度。企业领导又联系了奶农、农村信用社和奶站，让奶农从信用社贷款购买良种奶牛，蒙牛做担保；奶牛生产出来的奶由奶站接收，由蒙牛负责销售。就这样，蒙牛从无到有建立了包括奶源、运输、生产加工、销售的整个产业链。

问题探讨

蒙牛是如何整合创业资源的？

一、创业资源整合的意义

创业者获取创业资源的最终目的是组织这些资源，把握创业机会，提高创业绩效和获得创业的成功。无论是要素资源还是环境资源，无论它们是否直接参与企业的生产，它们的存在都会对创业绩效产生积极的影响。

(一)整合创业资源有利于形成企业的核心能力

从企业初创到成长、发展和成功，资源整合伴随着整个创业过程。创业者需要有效识别各种创业资源，积极借助企业内外部力量组织、有效识别与选择、获取与配置、开发与激活各项资源。通过持续不断的资源整合，企业可将资源转化为竞争优势，建立企业的核心竞争力。在这个过程中，创业者不仅要广泛地获取创业资源，更要有效利用这些资源。那些善于进行资源整合的创业者善于对未来发展形势作出正确预测和判断。

(二)整合创业资源有利于促进创业企业的可持续发展

创业之初，创业者所需的各种资源往往只能依靠创业者自己努力获取。资源的缺乏是创业企业的一般状态。即便企业具有高度成长性，可以迅速成长扩张，但在组织规模发展到一定阶段时，创业者往往会发现通过自身努力获取的资源远远不能满足企业发展的需求。所以，为了确保创业企业能够持续发展，获取创业资源特别是外部资源是相当重要的。

(三)整合创业资源有利于提升创业者的能力

固然创业者创办新企业缺乏资源，但这是任何创业者都会面临的问题。创业者创业需要战略规划、技术开发、人员管理等多方面的能力。资源整合能力强的创业者能将诸多能力整合在一起，通过合理的运用，在企业正常运行的过程中，促进企业发展，同时不断提升自我的资源整合能力。

二、创业资源整合路径

创业资源的整合是一个识别资源、获取资源并开发资源的过程。具有不同创业动机的创业者，其创业过程不同，资源整合过程和路径也有所不同。从整体看，创业资源整合的路径有两种：一种是在能力构建机制下，对内部资源的积累；一种是在资源获取机制下，对外部资源的利用。

(一)资源识别

企业创建和成长的过程是一个不断整合资源并逐渐形成竞争优势的过程，因此如何识别创业资源对于创业者至关重要。一方面，由于创业环境的动态性，创业者会提高自身对市场变化的敏感度，从市场变化的角度来识别创业所需的资源；另一方面，在企业创建初期，创业资源网络还不稳定，资源识别在很大程度上要依赖于创业者的某些特质。创业者的风险倾向、成就需要、内控制源、不确定性容忍度都会影响其对资源的识别。创业者不仅需要评估资源的类型，确定资源的数量和质量、使用时间和顺序，还需要识别资源之外潜在的供应商和供应渠道。

(二)资源获取

虽然新创企业依靠创业者的初始资源能获得初步发展，但是由于企业处在动态的环境之中和不同的发展阶段，其对资源的需求也不一样。这就要求新创企业在确定了资源需求以后利用自身的资源再不断地获取新资源。虽然影响各类资源获取的因素不一，不同资源的获取途径也各不相同，但综合起来，企业资源的获取主要有内部积累和外部获得两种途径，而外部获得又分为外部购买和外部吸引两种方式。

1. 内部积累

内部积累是一种重要的资源获取方式，主要指企业利用自身现有资源通过内部培育的方式来获得所需资源。内部积累的主要方式包括企业内部开发新技术，对员工进行培训以提高他们的技能，通过内部积累获取资金等。对于企业来说，内部积累是必要的资源获取方式，因为战略要素市场不可能为企业提供所需的全部资源，尤其是在环境的宽松性较低的时候，企业从外部战略要素市场上获得资源就非常困难，而此时内部积累可以弥补这种缺陷。

✎ **案例**

海尔集团的内部发展

海尔集团是国内知名的家电生产企业。它从最初默默无闻的国有小企业一步步成长为今天的国内知名家电厂商，就是因为海尔特别注重内部资源的积累。

海尔以技术创新为核心，中国洗衣机行业 2/3 的专利来自海尔。海尔每年投入销售收入的 4% 用于新产品、新技术的研发。这确实也给企业带来很大收益，年销售收入的 80% 来自于新产品。

海尔充分挖掘人力资源，重能力而不重学历，对各类员工进行岗前教育和岗中培训，鼓励员工求学上进、发奋向上；对各级管理人员采取轮岗培养，并与国际著名企业进行交流，提高企业管理人员的管理水平；注重内部企业文化的塑造，在学习了美国、日本企业推崇的创新精神与团队精神的基础上，结合中国传统文化，建立了自己的企业文化；还提出了企业管理中的"斜坡球体论"，即海尔定律，认为企业如同斜坡上的球体，市场竞争与员工惰性会形成下滑力，牵引员工后退，而企业必须形成一个向上的制动力来阻止下滑。

海尔不仅注重产品质量，还特别注重内部管理能力的提升。内部管理能力不像其他资源那么容易识别，它是有形资源、组织协调、投入产出等综合作用的结果。海尔强调从产品研发、生产制造、市场营销等方面，不断强化个人能力和组织能力。

2. 外部获得

外部获得又分为外部购买和外部吸引两种方式。

外部购买就是企业利用财务杠杆在外部战略要素市场上购买所需的资源，主要包括设备、厂房等。对于大多数新创企业来说，这是它们获取资源的最重要途径。企业有时可以低于资源本身实际价值的价格来获得这种资源。但是用这种方式只能获取一些显著的资源，而一些重要的隐性资源则要通过其他方式来获取，比如外部吸引和内部积累。我国国产汽车的生产曾经以购买技术进行开发为主，后来以合资设厂共同开发生产的方式为主。

外部吸引就是指企业利用本身的资源来撬动和获取其他资源。对于新创企业来说，这是非常难以实现但又是非常重要的一种方式。因为新创企业的初始资源是不完整的，创业者需要取得各种资源供应商的信任来获取所需的资源。创业者可以通过展示企业良好的一面来博得资源拥有者的好感，比如完美的商业计划书，良好的行业发展前景或者企业的其他优势。企业良好的社会资本是获取资源的有利条件，因为良好的社会资本会给企业带来信任、机会等，从而帮助企业获得资源。企业的形象越好，社会资本能力越强，越有利于其吸引资源。

当创业企业逐步成长起来，外部吸引可以通过战略联盟和兼并收购的方式来实现。战略联盟就是两个或两个以上的企业为了达到共同的战略目标而采取的相互合作、共担风险、共享利益的联合行动。战略联盟主要在联合技术开发、合作生产、后勤供应、分销、合资经营等方面合作，是松散式的阶段化合作形式。兼并收购指兼并和收购两个概念。兼并是指多家企业合并成一家企业，由一家具优势的公司吸收其他公司。收购是指一家企业用现金或者有价证券购买另一家企业的股票或者资产，以获得该企业的全部或部分资产的所有权，从而得到对该企业的控制权。兼并或收购其他公司的企业实力比较雄厚，能够让对方愿意出让其资产而实现利益共享。新建企业在创立之初一般难以通过以上方式整合资源。

(三)资源开发

在创业者识别和获取资源之后，并不能保证企业的存活。资源开发指创业者根据不同的创业理念将资源的价值和潜能加以整合，转化为新企业所特有的资源。在资源开发的过程中，创业者不仅要将获得的资源加以整合，而且要将创业者(创业团队)的初始资源和其他资源一起转化为组织资源，以获得特有的能力和功能。经组合后的资源应该具有新颖性和柔性。资源开发包括资源的合并和转化两个环节。

资源合并是指创业者对各种离散的产权型资源和知识型资源进行整合，形成系统资源的过程。对于大多数新创企业来说，组织资源不是立即形成的，而是通过逐渐的演进形成的。资源合并可以是在现有的资源和能力基础之上，对现有能力进行提升，也可以通过吸收新的资源开发新的能力来实现。无论哪种方式，最终都实现了资源的整合。

资源转化是指在对离散资源进行组织和整合的同时，创业者或创业团队还必须将个人的优势资源和个人的能力投入新创企业之中，与组织优势相结合，产生独特的竞争优势。资源转化中，创业者的知识和能力是实现新企业资源规模不断扩大、价值逐渐提高的必要基础。创业者要通过个人的能力来建立新的学习系统，从而开发、管理和维持整个资源基础。比如，创业者想利用一项历史文化资源促进织锦的销售，那么就需要对这一项资源进行挖掘，寻找与该产品相关的连接点，通过传说故事进行产品创意和设计，从而将历史文化资源转化为产品包装资源、宣传资源，再利用一定的渠道资源进行推广。

创业企业通过资源整合能将新创企业的各种离散资源转化为组织资源，这是一个动态的过程。新企业经过资源识别、资源获取和资源开发过程后，在组织内部都会积淀一部分的组织资源。这些组织资源又会进入下一个资源整合的过程，并对每个环节产生影响。新开发的组织资源将作为下一环节的初始资源影响资源识别过程，还将作为创业者的资源杠杆用于获取其他资源。因此，新创企业的资源整合过程是一个动态的反馈过程，而新企业的组织资源是不断积累的结果。

✍ **案例**

美特斯邦威整合资源创业

美特斯邦威依靠多方合作实现了迅速成长，成功演绎了相互依附、共同发展的赢利模式。

美特斯邦威是周先生创办的一家小型服装企业。与众不同的是，该企业既不生产成衣，也不销售衣服，而只是进行虚拟经营。企业主要做两件事，即服装设计和品牌运营。周先生注意到，服装行业和一些行业一样，其较高价值环节在于品牌、研发和销售，低价值环节为生产、原材料供应等。他决定将生产和采购委托给其他厂家，以解决启动资金不足的问题。他充分整合利用国内生产厂家的闲置生产能力，与 300 多家企业合作，进行贴牌生产，每年生产系列服装 1600 多万套。如果他自己花钱建设生产基地，起码需投入 2 亿～3 亿元。销售方面，他利用品牌的吸引力整合社会闲散资金，进行特许经营。周先生设计了严格的管理体系，通过契约方式授权加盟店代理品牌。加盟店使用与公司统一的商标、标识、商号和服务形式。公司对所有加盟店实行"复制式管理"，规定店面形象、产品价格、市场宣传、物流配送及服务等"五个统一"，并对加盟店进行指导和培训，共享管理资源。据统计，其营销体系中，只有 15％为直营店。凭借加盟连锁模式，公司节省了 1 亿多元的市场开发成本，使其以最低成本快速扩张。企业成长起来以后，公司又投资 1000 万元引进美国系统，通过不断加强网络建设，对专卖店实施远程管理，这不仅实现了资源和信息共享，而且加快了供应链上的物流速度。

三、创业资源整合原则

(一)渐进原则

对于任何创业企业来说，有利的创业资源都难以完全发掘、配置和利用。因此，创业者必须遵循渐进的原则，综合考虑对资源的需求程度、资源开发和利用的成本及收益和不确定性，逐步地寻找和利用各种创业资源。对于每一种创业资源，都应当选择一个适当的整合时机，从而降低资源的维护成本。

(二)共赢原则

在开发和使用创业资源时，创业者不能仅从创业企业的自身利益出发，而必须坚持双赢原则。对于长期使用的创业资源的开发，更要重视对方的既得利益。

(三)量力原则

对于不同的资源，创业者需要逐步开发和使用；对于同一种创业资源，也需要逐步开发。新创企业的资源开发能力较弱，经验不丰富。因此就要采取量力的原则，按部就班地对某一种创业资源进行开发和使用。

案例

"视美乐"大学生创业项目稳力推进

视美乐是一家由学生团队组建的高科技公司，其创业项目是 1999 年在清华大学学生创业大赛中涌现出来的，其核心技术产品"多媒体投影机"由清华大学材料系学生小邱发明。该项技术融合了计算机、电子、材料等多领域，当时在国内属于领先技术。视美乐拥有领先产品和优秀团队，又适时与资本、家电行业相结合，渐进发力，实现了稳进扩张。

视美乐的创业团队基本上来自技术相关学科人才。他们学以致用，正当其时。其团队是一个黄金组合。小邱是一位难得的技术人才，被清华大学校长称为"清华爱迪生"。小王是位战略家、企业家型的人才，有闯劲，有想象力和热情，善于整合各种资源。小徐与小王正好互补，他见多识广、企业经验丰富，做事踏实、稳健，是一个实实在在抓落实的管理者。

技术和创新只有与商业和资本结合，完成研发和商品化，产生盈利，才能获得成功。创业初期因为欠缺资本运作能力，他们积极地寻找资本合作方。他们找到了以清华大学经济管理学院为依托的清华兴业投资管理公司。清华兴业找来了国内上市公司上海百货，不到一年清华兴业又找来了青岛澳柯玛集团，促成了北京视美乐科技发展有限公司和青岛澳柯玛集团在清华科技园注册成立信息技术有限公司。视美乐和清华兴业的合作模式是共担风险、共享收益。兴业通过提供全方位的顾问业务拥有视美乐 5% 的股份。从此，视美乐发展中的融资、管理、人力资源等大事都离不开清华兴业这个高参。同时视美乐的成功也给清华兴业带来经济回报和良好的业界声誉。可见与投资方的理性合作能够实现资源优化。

在一些方面，学生创业有一定的优势，学生有创意、有闯劲，又不怕吃苦。但是他们不懂商业运作，缺乏财务、税法和市场方面的知识，也缺少资源整合的眼光和能力。另外，创业学生在吸引投资时常存在三个误区：一是创业者急于得到资金，别人给小钱他们就让出大额股份，贱卖技术和创意，以致于不少技术拥有者在公司运营一段时间后，对当初的协议深感不满并提出毁约；二是即使投资方不能提供增值性服务和指导，创业者仍与其绑在一起；三是对风险投资的使用不负责任，烧别人的钱圆自己的梦。

思考题

1. 在创业企业获取资源过程中，资源杠杆的作用是什么？
2. 在创业企业资源开发过程中，资源是如何合并与转化的？

实践训练

利用所学知识，学会整合你的创业资源。分小组完成以下活动，每小组5～6人。各小组成员通过头脑风暴盘点各自拥有的创业资源，并分析能够获取的外部资源，然后各小组拟定一个能最大限度利用已有资源的创业项目。最后各小组之间进行资源的交换与整合，看看是否能补足资源缺口，并将课堂活动成果填写在下表中。

小组名称						
姓　名			学　号			
任务名称	整合你的创业资源					
任务描述	1. 以小组为单位开展课堂活动，每小组成员5～6人，其中组长1名。 2. 通过头脑风暴盘点各自拥有的创业资源，并分析能够获取的外部资源，然后拟定一个能最大限度利用已有资源的创业项目。 3. 各小组之间进行资源的交换与整合，看看是否能补足资源缺口。					
	内部资源	外部资源	创业项目	换出资源	换入资源	是否存在资源缺口
任务分工						
过程记录						
反　思						
增值评价						

学习笔记

姓　名：	学　号：
本节名称：	

▶ 第三节　创业融资

敢想敢干矢志创业的愚公精神

作为一名普通大学生，重启创业，应该从哪里入手呢？小胡想了很多商业机会，不是缺钱就是缺技术、缺时间。恰逢"大众创业、万众创新"的浪潮激荡着千百万年轻人的心，抱着学习更多和创业有关的知识、结识更多朋友的想法，小胡报名参加了乐山市第二届大学生（青年）电商创业大赛。在和指导老师讨论创业计划书和想法的时候，老师提到了懒人经济的观点，小胡联想到QQ群里面每天都有人发"求带外卖，付酬金"的信息。于是他发现了一个不需要投入太多资金和技术，而自己刚好有时间可以去做的事——校园外卖。

就这样，利用创业大赛的奖金，小胡组织了志同道合的同学，组建了QQ群，开始在学校发传单进行宣传，并在学校周边联系可以提供外卖的商家。一开始，发2000张传单只有100多人加群，走几条街也只有两个商家愿意合作，利润也仅仅只够几个人每天的生活费。但是他坚持着从未放弃。慢慢地，业务量开始增长，大家越做越有信心。同时小胡团队开始增加其他服务项目，如代取快递，代送零食等。团队的名字叫"愚公团队"，寓意是创业要"主动挖山"，想常人不敢想的事，做常人不能做的事，付出常人难以付出的努力。

名字取好了，大家有了更多的期望和想法，团队每天像打了鸡血一样努力工作，憧憬着做好乐山市场，拓展到全川高校。然而，创业光靠激情是不够的。因为缺乏完善的管理制度，经营了一段时间以后，虽然业务量很多，账户里却没有钱，团队成员的权益分配也不明确。于是大家开始相互埋怨。随着竞争对手的出现，业务量也开始下滑，一些核心成员离开了团队。遇到困难的时候，小胡都会默默地看看愚公团队的Logo，他想，自己也许和愚公一样笨，但也和愚公一样坚持，在创业的过程中无论遇到什么困难，都不会动摇。他相信，只要坚持下去，这个行业能做起来，而且能做好。小胡一个人揽下所有活继续向前，早上5点起来送早餐，晚上差不多12点才算完账休息。情况渐渐好转，在完善的权益分配和管理制度下，又有更多的同学选择追随他。在经营走上正轨以后，小胡想要走出去学习更多创业知识。他报名参加了"'互联网＋'创业先锋"培训，尝试了各种可行的校园创业模式，并利用暑假到凉山州越西县板桥乡小学支教。他说，我所能取得的一点点成绩都源于学校、老师、社会和朋友的帮助，因此一定要感恩社会，回馈社会。

2018年5月，"愚公咨询"项目在"创青春"四川省大学生创新创业大赛创业计划竞赛中荣获银奖。在项目汇展现场，小胡的讲解赢得了评委的青睐，他被邀请参加在西南民族大学举行的青春创业演讲活动。小胡同学以"校园经济"为题的演讲引起了风投公司的浓厚兴趣。6月，该公司来到乐山职业技术学院与他深入接洽后，决定投资300万注册成立了华享众创（成都）信息技术服务有限公司，小胡同学以管理入股，占股20％。仅用了两年的时间，华享众创（成都）信息技术服务有限公司开展了10多个大学校园生活项目，实现营业额5000万元，覆盖全川15所高校。小胡的创业梦想实现了！

作为一个年轻的企业家，小胡的创业故事给无数人带去感动与激励。在成功与荣誉的背后，他始终把自己定位为具有"愚公精神"的创业者，不忘初心，努力前行，把自己的创业梦想和社会责任牢牢结合起来，坚定创业选择，引领和帮助更多有志青年勇敢走上创业道路！

问题探讨

1. 小胡的成功创业离不开风投公司的支持，你是怎样理解风投的？

2. 你了解的创业融资渠道还有哪些？

一、创业融资的难度

资金是企业的血液，是创办企业最基本的要素，也是最重要的创业资源之一。资金问题已成为困扰创业者的核心问题。由于新创企业融资困难重重，许多创业者有了很好的创业计划，却难以筹措到所需资金。

创业融资困难原因有以下几点。

1. 创业企业存在劣势

创业企业本身资源有限，甚至没有多少资产。创业企业没有经营历史，未来发展情况不确定。另外，由于创业企业没有经营历史和经营经验，投资者很难预测其未来发展状况，所以投资往往十分谨慎。创业投资归根结底是资本逐利的过程，融资又是一种信用关系，而一切信用关系都是以经济实力为基础的。初创企业偿债能力和资信程度都较弱，投资人满足创业企业的融资需求之前必然首先考虑规避自身风险。

2. 创业者与投资者信息不对称

由于创业企业建立在不确定的创业机会基础之上，投资者对创业机会的价值认识和对创业者素质能力的判断存在信息的不对称，这就导致新企业难以从外部获得资金。一般而言，投资者对融资企业的产品、创新能力、团队实力、市场前景等信息没有创业者清楚，往往处在信息相对劣势的地位。创业者处于信息优势的地位。创业融资者往往会掩饰企业存在的问题，展现企业优秀的一面，这也使投资者得不到充分的信息。创业融资中的信息不对称导致信任危机。投资者不信任创业者，就不会将资金投给一个不了解的企业。

二、创业启动资金预测

创办企业之初，创业者都需要估计创业成本或启动资金需求，还需要考虑融资数额。而许多创业者不明白需要多少创办资金，没有科学具体的财务计划指导。创业者对企业未来现金流入与流出量没有清晰的把握。虽然任何人都无法准确预测企业开办前几年需要的资金数量，但是进行实际可靠的估算还是有可能的。创业者应树立财务规划的理念，做好基本的财务规划。

创办企业的费用分为投资支出和营运支出两类。

投资支出是指企业开始运营（做贸易、生产或提供服务）之前必须支出的资金，包括购买土地、建设厂房、购买机器、购置办公设备的费用及企业开办费、开业前的广告宣传费用等。其中企业开办费主要包括企业注册登记费、营业执照费、市场调查费、咨询费和技术资料费等。对于这些费用，创业者可以根据相关部门收费标准或参考同行业情况进行测算。

营运支出是指企业开始运作直到产生的销售收入能弥补相应的开支期间发生的支出，包括材料费、工资福利费、销售费、设备维修费、水电费、保险费、税收、工商管理费等。创业者通常只考虑设备费、办公费、材料费等基础投入，而忽略了企业开始经营的一段时间内其销售收入根本无法满足各项支出需求的情况，因而常常会低估资金的需求量。销售费用包括产品销售过程中产生的各种费用，主要包括广告宣传、销售人员佣金、运输费、装卸费、储存费、各种促销费用等。创业者可根据预测的销售量和制订的销售计划，按照相关收费标准测算销售费。

对于一般创业企业而言，创业者需要预测一定的收入从而计算出成本费用最低期限。创办成本和运营前期成本之和就是创业所需的启动资金。

三、创业融资方式

从融资主体角度看，创业融资的方式可分为三层。第一层次为外源融资和内源融资；第二层次根据资金供求双方的交易方式将外源融资分为直接融资和间接融资；第三层次则对直接融资和间接融资再作进一步细分。

内源融资是指创业企业依靠其内部积累进行的融资，具体包括资本金（除去股本）、留存收益转化的新增投资，折旧基金转化的重置投资。外源融资是指企业通过一定方式从外部融入的资金。

相对于外源融资，内源融资可以减少信息不对称问题及与此相关的激励问题，能节约企业的交易费用，降低融资成本，也可以增强企业的剩余控制权。但是，内源融资能力及其增长要受到企业的盈利能力、净资产规模和未来收益预期等方面的制约。任何企业在创业发展过程中，都会遇到确定内源融资与外源融资合理比例的问题。

内源融资与外源融资的区别见表5-1。

表 5-1 内源融资与外源融资的区别

分类		来源渠道		特点	投资者
内源融资	股权融资	主要股东投资（原始资本）		原始启动资本	主要股东
		保留盈余（公积金、公益金和未分配利润）		来自企业的税后利润，无风险，融资成本较低，但数量有限	主要股东
	债权融资	主要股东及其亲友的贷款		在企业发展初期较为常见，透明度高，灵活性强，少有信息不对称问题，但利息成本较高	主要股东及其亲友
		事业天使贷款		事业天使指定用途，受监督	有管理/技术技能的人士
		企业内部职工借款		以风险抵押金出现，发达经济中常见	企业职工
外源融资	股权融资	私募方式	创业投资	20年来发展迅速，中小型高科技企业的融资方式	创业投资者和机构
			场外发行和交易市场	机构投资者、有限合伙制机构参与的投资场所，以股权交易和发行新股筹资，是中小企业股安全整合的市场	个人和各种机构投资者
		主板市场		只有少数的中型企业采用	各种投资者
		二板市场		成长性较好的中小型企业融资和创业投资的重要场所	
		直接方式	发行商业票据	少数信用级别较高的中型企业采用	相关客户
			发行债券	少数发展良好、社会信用较好的中小型企业融资方式	社会公众
			商业信用	提供方以延期收款或购货方以预付方式提供企业的信贷	相关交易客户
		间接方式	银行信用	传统的、主要的融资渠道之一，存在信息不对称、道德风险	商业银行
			非银行金融机构贷款	银行以外的其他金融机构提供的信贷	非银行的金融机构
			融资租赁	常见的融资方式之一，风险和成本均较低，而且方便、灵活	相关金融机构

资料来源：《大学生创新创业基础》，中国传媒大学出版社，刘帆主编。

四、创业融资渠道

融资渠道是指筹措资金来源的方向和通道，体现着资金的源泉和流量。结合大学生创业的特点，融资渠道有自有资金、亲情融资、银行贷款、天使资金、政策性基金等，而民间借贷、风险投资、融资租赁、发行企业股票、发行企业债券等融资渠道非常难以实现。创业者应对各种融资渠道的特点、融资成本、获取条件等进行详细了解，才能选择最有利的融资方法。

（一）自有资金

创业者为企业融资时，第一个渠道就是来自创业者自身的资金。研究发现，近70％的创业者依靠自己的资金为企业提供融资。即使具有高成长潜力的企业，在很大程度上都依赖创建者的存款为其提供初始资金。一方面，创业者比任何投资者都清楚新创企业的商业机会和前景，创业者投入资金的行为就是对企业的一种支持和信任的表现；另一方面，投资者也希望创业者能将自己的钱投到新企业，这说明创业者对创业项目有信心。创业者自我融资能缓解部分资金压力，但当所需资金较多时，就需要其他的融资方式了。

案例

小李创业

小李喜欢 IT 和计算机，他把自己喜欢的各类电脑硬件产品在网上展示并与网友进行交流，每个月能赚 6000～7000 元。2000 年上高二时，他退学创业，用自己的积蓄（就是利用网站介绍产品得到的广告收入）10 万元创办了泡泡网。刚开始网站没有什么访问量，他们便将公司迁移到北京，去了解更多产品，更好地服务顾客。通过内容和服务，网站积累了越来越多的访问量，广告收入越来越多。当时他没有学历也不是海归，因此不太容易受到投资人的青睐。但是他靠着自己的勤奋和对计算机互联网的敏感边学边做，使公司逐步发展起来。

（二）亲友融资

筹集创业启动资金的另一个有效途径就是向亲友借钱，这属于负债筹资的一种方式，创业者一般不需要承担利息，因此没有资金成本。这种方式只在借钱和还钱时增加现金的流入和流出。用这个方法筹措资金速度快、风险小、成本低，其缺点是会给亲友带来资金风险，甚至是资金损失，如果创业失败会影响双方感情。因此最理想的方式是说服亲朋好友对项目进行投资，明晰产权关系和双方责任。

（三）政策融资

各级政府为了优化产业结构，支持新创企业的发展，为新创企业提供了大量的政策性支持，包括利用财政补贴、优惠贷款、税收减免及一些专项基金为创业企业提供支持，如针对大学生创业有创业贷款，针对失业人员再就业有小额担保贷款，针对科技型中小企业有创新基金等。

目前，值得大学生创业者关注的融资优惠政策主要有以下几个。

（1）国家和地方各级政府的科技计划和引导基金，如国家高技术研究发展计划、国家重点基础研究发展计划、星火计划、火炬计划等科技计划，各类成果推广及科技兴贸计划，中小企业科技创新基金等。当然，各类科技计划及创新基金主要资助具有自主创新能力、科技含量高、市场前景好的开发项目，如软件、生物、医药等。地方各级政府也推出了一系列创业引导资金、孵化资金、产业资金等。

（2）创业小额贷款是政府为切实解决创业者的资金瓶颈问题，努力为中小企业发展及青年创业提供更多的金融支持，引导广大青年自主创业和自谋职业推出的创业优惠政策。许多地方政府也推出了一系列贷款优惠政策，如青年创业小额贷款、大学生创业小额贷款、创业贷款贴息项目及各类微型信贷产品等。

（3）小额担保贷款是指通过政府出资设立担保基金，委托担保机构提供贷款担保，由经办商业银行发放，以解决符合一定条件的待就业人员从事创业经营自筹资金不足的一项贷款业务，包括自谋职业、自主创业或合伙经营和组织创业的开办经费和流动资金。国家规定个人申请额度最高不超过 5 万元。各地区对申请小额担保贷款的额度有不同规定，许多地区额度高于 5 万元，而且合伙经营贷款额度更大。小额担保贷款的期限一般不超过 2 年，可延期 1 年。

（四）银行贷款

银行贷款是融资的主要方式。从目前的情况看，银行贷款有以下四种。一是抵押贷款，指借款人向银行提供一定的财产作为信贷抵押的贷款方式。二是信用贷款，指银行仅凭对借款人资信的信任而发放的贷款，借款人无须向银行提供抵押物。三是担保贷款，指以担保人的信用为担保而发放的贷款。四是贴现贷款，指借款人在急需资金时，以未到期的票据向银行申请贴现而融通资金的贷款方式。

银行贷款融资的优点在于程序比较简单，融资成本相对较低，灵活性强。只要企业效益良好，融资就较容易。但是初创企业一般要提供抵押或担保，银行贷款条件比较苛刻。银行这样做是为了约束创业者的资金使用和创业行为，或者在企业经营不善时拥有处置的权利。

（五）风险投资

风险资本是指由职业的创业投资者管理的专门进行创业投资的资本。投资赢利的主要模式是通过承担高风险来博取高回报，一般以入股的形式投入资金，最后以上市或者转让的形式退出，套取现金。在风险投资基金的投资回收末期，风险投资企业将所投入资金归还给机构投资者，并加上一定百分比的投资利润。

风险投资的对象大多数是初创时期或快速成长时期的高科技企业，如 IT、生物工程、医药等企业。风险投资基金具有其他融资来源所不具有的优点：一是无需创业企业的资产抵押担保，手续相对简单；二是通过风险投资基金融资没有债务负担；三是可以得到专家的建议，特别是对高新技术产业，风险投资通过专家管理和资源组合，降低了由于投资周期长而带来的行业风险。但是风险投资对所投项目会有比较严格的要求，如优秀的团队、好的商业模式等。

(六)天使投资

天使投资是自由投资者对有创意的项目或小型的初创企业进行一次性的前期投资，是一种非组织化的创业投资形式。他们通常在项目构思阶段就进入，旨在获取高额的回报率。天使投资有三个特点：一是直接对企业进行权益性投资；二是不仅提供资金，而且提供知识和社会资源服务；三是过程简单，资金到位及时。

天使投资者通常是以下两类人。一类是成功的创业者，他们基于自己的经验提携后来者。另一类是企业的高管或高等院校和科研机构的专业人员，他们拥有丰富的创业知识和洞察能力。这些投资者就像天使一样，希望通过自己的资金和专业经验，辅导和帮助那些正在创业的人们，以自己的企业家精神来激发后者的创业热情，延续或完成他们的创业梦想。

(七)担保机构融资

目前各地有许多由政府或民间组织的专业担保公司，可以为包括初创企业在内的中小企业提供融资担保。担保机构大多实行会员制管理的形式，属于公共服务性、行业自律性、自身非营利性组织。创业者可以积极申请成为这些机构的会员，之后向银行借款时，可以由这些机构提供担保。与银行相比，担保公司对抵押品的要求更为灵活。担保公司为了保障自己的利益，往往会要求企业提供反担保措施，有时会派人到企业监控资金流动情况。

五、创业融资的策略

创业融资的方式有很多，但创业者究竟选择哪种融资渠道，应结合投资的性质、企业的资金需求、融资的成本和财务风险及投资回收期、投资收益率、举债能力等因素来综合考虑。

创业企业的成长一般可分为四个阶段——种子期、初创期、成长期和成熟期。创业企业在不同的发展阶段具有不同的资本需求特征，创业者应该充分考虑不同融资渠道的特点，针对不同阶段采用不同的融资渠道。

(一)种子期

种子期(成立阶段)是指技术开发和试制阶段，或是商业创意的酝酿与筹备阶段。此时内部管理是受事件驱动的，有时间就去解决，没有计划可言。由于管理人员很少，创业者对企业的一切问题都是直接控制指挥。但这一时期的企业面临着高新技术的技术风险、产品的市场风险、创业企业的管理风险等重要风险。此阶段的资本需求量较少，因投资风险太高，风险投资商都会避开这一阶段。因此该阶段所融资金应以非营利性的为主，此时的融资渠道主要包括自有资本、亲朋借贷、政府提供的创业基金，以及一部分天使投资。

(二)初创期

初创期一般指从产品成功开发到产品适销的阶段。这一阶段，企业已经有了一个处于初级阶段的产品，有大致的经营计划，初步建立了管理团队。此时企业基本没有什么策略，很多市场行为都是试探。生存仍然是这时期主要目的。这一阶段，企业的资金需求较种子期要高出不少，但成功后的获利依然很高。这一阶段，那些非营利性的投资，由于法律的限制将不再适宜，所以创业投资是企业筹集资金的主要形式。这一阶段技术风险相对减少，但需购入生产设备、雇用人员、形成生产力和开拓市场，对资金的需求往往也较大。此时，企业的失败率很高，投资风险也很大，直接从银行贷款的可能性很小。因为就贷款人来说，创建阶段的企业几乎创造不出可以保证用以偿还短期债务的销售收入、利润和现金。即使用作贷款抵押的企业资产所提供的保障也可能不足以获得银行贷款。创业者只能在前期融资的基础上，通过股权性质的风险资本或是用短期租赁的方式来解决这一阶段的资本需求问题。

(三) 成长期

成长期是技术发展和生产扩大阶段。企业开始营业，初期产品和服务进入开发阶段，并有数量有限的顾客。企业营运费用在增加，但销售收入较少。企业完成产品定型，开始着手市场开拓计划。随着市场占有率的提高，企业具有了一定的生产规模，技术和管理也较为成熟，从而建立了较稳定的市场声誉，销售收入快速增加。此时，企业通常可以通过银行贷款、融资租赁等融资渠道来补充流动资本，完善资本结构。

(四) 成熟期

在最初的试销阶段获得成功后，企业规模扩大，销售快速增长，有了较强的获利能力，有的创业企业开始多元化经营。这时，企业关注的主要问题是筹集足够的资金以支持企业快速地成长。在内部管理上，由于企业规模的扩大，管理者直接控制指挥的模式开始制约企业的成长，因此企业开始尝试授权管理、进行组织结构设计。这表明创业企业在向专业化企业迈进。企业开始考虑上市计划。企业步入成熟期意味着其融资形式介于创业投资和股票市场投资之间。无论销售、财务，还是管理上，企业都承受着快速成长带来的压力。如果能够度过这个阶段，实现向专业化的转变，创业企业就能实现蜕变，发展壮大成为一个大企业或成熟企业。该阶段仍需筹集拓展资金。由于企业的市场信誉已经建立，这时通过银行贷款融资是比较容易也比较有利的一种融资渠道。企业的管理与运作基本到位，并接近于公开上市的飞跃发展，故而对创业投资家有一定的吸引力。公开上市后，创业投资家便完成了自己的使命撤出企业。在股本金增加的同时，企业还可争取各种形式的资金，包括私募资金、有担保的负债或无担保的可转换债务、优先股等。

🖋 思考题

1. 初创企业融资的渠道有哪几种？

2. 两位同学合伙创业但资金不够，另一位朋友看好这个项目想投入资金，但要求占 1/3 股份并控股，请问你认为应该如何决策？

实践训练

根据所学知识，进行创业融资谈判活动。活动分小组进行，每个小组5~6人。各小组分别扮演创业公司和风险投资公司进行融资谈判并将活动结果填写在融资谈判活动记录表中。

小组名称			
姓　名		学　号	
任务名称	融资谈判		
任务描述	1. 以小组为单位开展活动，小组成员5~6人，每组设组长1名，负责组织小组成员进行课堂活动。 2. 各小组派代表上台抽取卡片，并扮演卡片写出的角色。 3. 第一轮融资，创业公司与风险投资公司进行谈判，获取投资。投资结果可表示为：×× 风险投资投资×× 创业公司×× 万元，占股××％。 4. 风险投资公司扣除投资额，未获得足够资金的创业公司倒闭，获得足够投资的公司重新估值。（估值公式为投资额÷所获取股份＝新估值，如10万元获得公司10％的股份，则公司总估值为100万元。） 5. 第二轮融资，创业公司与风险投资公司谈判，寻求更多的投资。 6. 风险投资公司扣除投资额，未获得足够资金的创业公司倒闭，获得足够投资的公司重新估值。 7. 第三轮融资，重复融资轮次直到风险投资公司的额度用尽。 8. 计算各个创业公司的市值，看看哪家创业公司规模最大，哪家风险投资公司获取了最大的收益。		
任务分工	创业公司，拟定创业项目、公司估值、资金需求额 风投公司确定投资的资本额度、预计收益率		
过程记录			
反　思			
增值评价			

学习笔记

姓　名：	学　号：
本节名称：	

第六章 创业风险

学习目标

❖ 了解创业风险的概念及其对创业要素的影响

❖ 增强对创业风险的理性认识与科学判断能力

案例导入

聚美优品的成与败

聚美优品的成功离不开陈欧。当其他电商平台还在烧钱换流量时，聚美优品不走寻常路，选择包装创始人兼CEO陈欧，依靠其个人品牌效应，轻易俘获大批用户的芳心。

2010年3月，陈欧联合戴雨森、刘辉共同创立团美网。这是一家化妆品限时特卖商城，首创化妆品团购模式，也是聚美优品的前身。陈欧是公司创始人之一。

2013年，聚美优品宣传片《我为自己代言》问世。陈欧多了一重新身份，即聚美优品代言人。聚美优品与陈欧实现捆绑，陈欧的个人影响力也达到巅峰，微博粉丝从1000万飙升至4000万以上。

彼时，陈欧在其个人微博上随便发布一条产品促销广告，就可以带来千万级别的销售额。2013年，聚美优品的年销售额高达60亿元。借着陈欧的个人品牌价值，聚美优品迅速跃升为化妆品垂直电商第一名。

2014年，连续8个季度实现盈利的聚美优品赴美上市，IPO发行价为22美元。聚美优品股价一路上扬，最高攀升至39.45美元，总市值达到57.8亿美元，仅用4年时间就成功登陆纽交所，创造了电商领域的上市神话。陈欧个人也成为纽交所220年来最年轻的上市公司CEO。

但是，聚美优品的奇迹来得快，去得更快，就像一阵龙卷风。导致这一悲剧的直接原因是售卖假货。

实际上，早在2013年，就有用户反映，使用在聚美优品购买的化妆品后脸部过敏，疑似假货。对此，聚美优品给出的解释是个人肤质不同。但是，此后不断有用户在网络发声，质疑聚美优品。

为维护聚美优品的正面形象，陈欧在其微博上发声，称如果在聚美优品上买到假货，经验证后，愿意赔偿一百万。陈欧此举看似光明磊落，力证聚美优品绝对没有销售假货，但显然有些用力过猛，网友并不买账。

接下来他被现实狠狠打脸。国际化妆品一线品牌娇兰、兰蔻等大牌先后发布声明，称从未与聚美优品合作。更糟糕的是，2014 年 7 月，一家名为祎鹏恒业的供应商被曝伪造大牌商品，在各大平台上售卖，聚美优品赫然在列。

售假实锤落地，聚美优品形象大损，股价随之暴跌。2014 年 12 月底，聚美优品股价已经不足 13 美元，较发行价 22 美元几乎折半。公司市值仅剩 13 亿美元，较历史最高峰 57.8 亿美元，足足蒸发掉近 45 亿美元。

由于聚美优品销售假货，陈欧的网红魅力也逐渐失效。为规避假货问题，聚美优品选择砍掉一部分平台业务，转为自营模式。

此后，聚美优品又把主要精力放在海淘上。陈欧甚至亲自出马，带领一众高管赴韩洽谈，与品牌方直接签约合作。但天有不测风云，恰在此时跨境电商新政出台，聚美优品再遭重挫。内忧外患之下，聚美优品和陈欧想要恢复之前的好日子，几乎不可能了。

风光不再的聚美优品开始尝试跨界转型，但危机当前的被迫转型，显得有些慌不择路。在投资母婴类电商平台宝宝树之后，聚美优品跨界幅度越来越大，尝试投资共享充电宝街电后，又进军智能家居领域制造空气净化器，还成立影视公司聚美影视开拍电视剧。

陈欧的频繁跨界，不仅受到大股东的质疑，还引起公司内部变动。聚美优品的高管团队动荡不安，继刘辉离职后，戴雨森也离开了工作 8 年的聚美优品。曾经的"三剑客"如今只剩下陈欧一人唱"独角戏"。此外，聚美优品的联席 CFO 高孟、郑云生等人也相继离场。

经历一系列的变动后，聚美优品股价一路下跌，公司市值也一落千丈。2016 年 2 月，聚美优品市值仅剩 9 亿美元。陈欧认为聚美优品在美股市场被严重低估，趁机抛出了私有化要约。消息一出，舆论哗然。

值得注意的是，聚美优品拟以 7 美元/ADS 私有化的消息问世后，不少中小投资者即刻表达了极大不满，一些中小股东甚至集结到网上，联合起来进行维权。

2017 年 8 月，聚美优品股票持有人恒润投资主管合伙人黑尔斯沃思(Peter Halesworth)先后两次发布公开信，指出陈欧及聚美优品管理层的"几宗罪"，主要可以归结为以下几点。

第一，陈欧提出以每股 7 美元的价格进行私有化，低估了聚美优品的价值，他的一系列错误使得聚美股票下跌了 45.2%。

第二，聚美优品将超过 5900 万美元的资金投向影视剧及共享充电宝这样的非核心业务。这笔资金相当于聚美优品市值的 12% 和账面现金的 18%。这些投资行为非常值得怀疑。

第三，聚美优品最近一次业绩发布是 2017 年 4 月发布的 2016 年年报。截至目前，由于缺少公司业绩信息，聚美优品的股东们处在"盲飞"的状态中。

对此，陈欧公开回应，否认信中所提出的一系列指控。但是，2017 年 11 月底，在经历了 21 个月的交涉之后，聚美优品的私有化之路以要约撤销而告终。

上市至今，聚美优品的股价走势堪称惨烈。聚美优品最新股价为 1.69 美元，还不及 22 美元发行价的零头。公司市值仅剩 2.54 亿美元，相较公司最高市值 57.8 亿，足足少了 96%。

如今垂直电商的日子都不好过，但并不是没有选择，只要专注深耕，还是能够获得一席之地。陈欧最大的问题是撇不开网红思维，仍然想靠频繁刷脸的简单方式获取流量。

✍ 问题探讨

1. 你认为聚美优品失败的原因有哪些？
2. 你认为创业会面临哪些风险？应当如何避免这些风险？

▶ 第一节　创业风险的类型和特点

一、创业风险的概念

说起创业风险，很多人会联想到困难、挫折、亏损甚至是创业失败。不过，创业本身就是从 0 到 1 的过程，不论是创意阶段、创业准备阶段、创业启动阶段还是创业发展阶段，都存在或多或少的变数与不确定性。创业者只有充分地认识风险、有效地规避和处理风险，才能逐步走向成功。

对于创业风险，可以从两个角度来理解。一、风险表现为结果的不确定性，这种不确定性包括在创业过程中阶段任务指标实现的不确定性和收益多寡的不确定性；二、广义的风险有损失的可能性，狭义的风险有未获得收益的可能性。

学术界与企业界尚无对创业风险界定的一致性意见。一般意义上，可将创业风险定义为创业者及其团队在创业过程中遇到或发生的风险。创业风险主要指由于创业者及创业团队价值观的差异性、能力与实力的局限性，创业环境的多变性，创业机会与市场的复杂性，创业过程及创业资源的不确定性导致创业进程受阻，偏离或未能实现创业预期目标的可能性及其后果。

二、创业风险与创业机会的关系

蒂蒙斯对创业过程模型的阐述，说明创业过程始于创业机会，而不是资金、战略、渠道、团队或商业计划。开始创业时，创业机会比资金、团队的能力及所需的资源更重要。在快速发展与变化的市场中，识别出创业机会并能捕捉机会，需要创业者具有敏锐的洞察力、超凡的想象力与执行力。机会总是留给有准备的人，能否识别与捕捉到创业机会，更多地取决于个人能力。当然，个人的资源环境也会在一定程度上发挥作用。但是，大学生的学识、阅历、经验与能力的局限性，使得其在创业机会的识别与把握上，很容易出现偏差。大学生的创意常因不具有先进性与可行性为创业埋下风险。

敏锐地识别创业机会，科学地评估创业机会，有效地把握创业机会是降低与规避创业风险的基础。丰富自身的知识，增加自己的阅历，锻炼分析能力、推理能力、判断能力，养成观察生活细节的习惯，关注社会与行业发展趋势，学会借助外部资源创建团队能帮助大学生创业者更好地识别与把握创业机会，降低由于创业机会判断失误或盲目创业导致的先天性创业风险。

三、创业风险与创业资源的关系

创业资源可以理解为新创企业在创造价值的过程中需要的特定的除创业团队外的各类生产要素的集合。这些要素可以是有形的，也可以是无形的。如有形的场地、设备、专业人员、供应商、资金等，以及无形的品牌影响力、知识产权、管理模式、业务网络关系等。巧妇难为无米之炊，缺乏资金、员工、合适的办公场所，缺乏技术或渠道伙伴等都将制约创业项目的启动和发展。但是，创业不可能待万事俱备才启动，那样可能会错失很多机会。因此，创业者及其团队需要在创业的过程中不断地挖掘资源、培育资源、开发资源、整合资源和管理利用资源，使资源成为创业活动的有力支撑，才可逐步走向成功。

创业者要分析哪些是关键资源，是创业的必要条件。在不具备这些资源的情况下，盲目启动或推进项目，将面临资金链断裂或业务链崩溃的风险，最终导致创业失败。正所谓"大军未动粮草先行""不打无准备之仗"，这都是对资源与风险关系的通俗说明。

四、创业风险与创业团队的关系

在蒂蒙斯创业过程模型的三要素中，商业机会是创业过程的核心驱动力，创业者及其团队是创业过程的主导者，资源是创业成功的必要保证。商业机会是要靠创业者及其团队发现并把握的；资源也是要靠创业者及其团队整合并利用，才能发生作用。社会上流行一种说法，即天使投资人最看重的就是创业者及其团队。但是，我们还需清楚地认识到，人的因素具有高度的不确定性。人与人之间存在着价值观差异、理想与追求差异、思维差异、知识差异、能力差异、背景差异、文化差异等。在创业的过程中，创业团队应具有相同的价值观与理想追求，具有知识与技能上的互补，相互信任并彼此承担责任，愿意为共同的创业目标而奋斗。但是，由于每个人所处的社会环境、家庭背景和人生目标不同，再加上社会环境及关联企业的诸多诱惑，特别是在创业遇到严峻困难或取得了一定收益的情况下，创业团队的凝聚力会遭遇严峻的挑战。同时，创业团队还会面临高手加盟的挑战，团队重新整合的挑战。现代企业越来越重视团队的力量。创业企业在诞生或成长过程中最主要的力量来源一般都是创业团队。一个优秀的创业团队能使创业企业迅速地发展起来。但风险也同时蕴含在其中，团队的力量越大，团队风险带来的损失也就越大。一旦创业团队的核心成员在某些问题上产生分歧，就极有可能会对企业造成强烈的冲击。

团队人员的变化，势必会影响团队对机会的把握和对资源的利用，进而增加了创业过程中的不确定性，产生人为的创业风险。为此，只有加强团队的凝聚力，形成团队的主流价值观，在此基础上选择合适的人才，才能降低创业风险。

五、创业风险的特征和分类

(一)创业风险的特征

虽然创业风险种类繁多，但是这些风险具有以下共同特征。

1. 客观性

创业本身就是一个识别风险和应付风险的过程。风险的出现是不以人的意志为转移的，所以创业风险的存在是客观的。

2. 不确定性

由于创业所依赖和影响的因素具有不确定性，这些因素是不断变化、不断发展的，甚至是难以预料的，因此造成了创业风险的不确定性。

3. 可变性

随着影响创业因素的变化，创业风险的大小、性质和程度也会发生变化。

4. 可识别性

根据创业风险的特征和性质，创业风险可以被识别和划分。

5. 相关性

创业风险与创业者的行为紧密相连，与创业者的素质和能力高度相关。创业者面对风险时采取不同的对策，会出现不同的结果。

(二)创业风险的分类

从风险的表现形式来看，可将创业风险分为环境和政策风险、机会选择风险、商品市场风险、资源利用风险、技术风险、人力资源风险、管理与决策风险和财务管理风险。针对各类风险，创业者只有在充分认知风险的前提下，才能更好地防范、规避与处理风险。

1. 环境与政策风险

环境与政策风险是指由于创业者及其创业活动所处的社会、政治、经济、法律环境和政策环境等的变化及意外灾害导致创业者或创业企业蒙受损失的可能性。此类风险包括因战争、国际关系变化、有关国家政权的更迭、政策的变化、宏观经济环境的变化，法律法规的修改，或者创业相关事项得不到政府许可，合作者违反契约等给创业活动带来的风险。

环境与政策风险往往是创业者及其团队自身所不能左右和掌控的，主要是由于创业活动的外部环境与外部合作方的不确定性与变化造成的。对此，创业者应更多地关注企业外部环境的变化，培养敏锐的市场洞察力，做好相应的风险防范预案。

2. 机会选择风险

机会选择风险是指创业者由于对机会判断失误或错过机会而强行启动创业活动带来的风险。创业难，发掘利用创业机会更难。有一些人认为创业点子的产生是机缘巧合，但是，研究创意的专家认为，创意只是冰山一角，没有创业者平日的用心耕耘，机缘也不会来敲门。创业者只有在日常生活和工作中培养出洞察环境变化的敏锐观察力和逻辑分析能力并积累一定的知识和经验，才能够先知先觉，提出有特色的价值主张，形成创意并推进创业项目。发掘创业机会的做法，大致可归纳为分析矛盾现象、特殊事件、作业程序、产业与市场结构、人口变化趋势、价值观与认知变化六种方式。

虽然大量的创业机会可以经由有系统的研究来发掘，但是，最好的创意还是来自创业者长期的观察、生活体验与深入的感悟。如果创业者过于自负或经验能力不足，就会导致其判断失误，为未来的创业活动埋下风险的种子。

创业者能否感知创业机会的存在取决于他们是否能有效识别外部信息并对信息进行选择性的过滤与组合。创业者的风险倾向、成就需要、内控资源、不确定性容忍度等特质是其能够敏锐识别创业机会的基础。缺少这些特质，异想天开，闭门造车，就容易导致机会选择失误。大学生创业时如果缺乏前期市场调研和论证，只是凭自己的兴趣和想象来决定创业方向，甚至仅凭一时心血来潮做决定，很有可能会碰得头破血流。

不少研究已发现，创业者自身所拥有的特性，如创造力等，都可能帮助其成功识别创业机会。

案例

不要把鸡蛋放在同一个篮子里

RealNames 公司成立于 1996 年，曾拿到超过 1 亿美元的风险投资，并于 2000 年向国际互联网技术标准组织 IETF 递交了第一份关于关键字寻址技术的国际标准，成为全球最大的关键字寻址服务提供商。2000 年 3 月，因看好关键字技术，微软与 RealNames 签订了为期两年的合同，获得其 20％ 的股权(初始价值约为 8000 万美元)和 1500 万美元现金。RealNames 公司总裁、CEO 蒂尔称，RealNames 还承诺在合同期另外支付 2500 万美元，让 IE 浏览器提供关键字服务。

2002 年 3 月 28 日，微软与 RealNames 的合同到期，微软对 RealNames 发出最后警告，称将终止合同，并只给 RealNames 三个月的期限处理善后事宜。5 月 7 日，微软决定结束与 RealNames 公司的合作，不再允许该公司在 IE 浏览器上启动关键字服务系统，并将于 6 月 28 日关闭 RealNames 的服务。5 月 14 日，这家国际著名的关键字服务提供商正式宣布倒闭。

问题探讨

(1)RealNames 公司的创业机会是什么？

(2)RealNames 只选择微软作为唯一合作伙伴，你是如何看待这件事的？

(3)通过 RealNames 的创业失败和现今社会关键字搜索的大行其道，谈谈你对创业机会的看法。

3. 商品市场风险

商品市场风险是指由于市场情况的不确定性导致创业者或创业企业损失的可能性。商品市场供给和需求的变化、市场接受创业者提供的产品与服务的时间的不确定、市场价格变化、市场战略失误等原因都会给创业活动带来一定的商品市场风险。

在微波炉上市之初，不少消费者担心微波炉可能有辐射危害，因此厂家和商家不得不通过媒体反复向消费者宣传微波炉不会损害健康，只会带来生活上的便利。一些用户也帮助商家做宣传，这才打消了部分消费者疑虑。

由此可见，创业者很难预先准确判断，市场是否会在某个时段接受自己推出的某一产品及其接受能力。

案例

半个世纪的等待

美国的贝尔实验室在 20 世纪 50 年代就研制出了可视电话，但过了 20 年，直到 1970 年，美国市场才初步接受商业化的可视电话，而且可视电话仅仅主要用于政府、军事、公共事业等财政付费部门。

由此可见，如果误判了市场接受某种新产品的具体时间，即使市场最终会接受它，创业风险也是极大的。

4. 资源利用风险

资源利用风险是指创业者在创业活动过程中所面对的发现资源、整合资源、开发资源和利用资源过程中的不确定性。创业者的创业活动离不开内外部的资源支持。没有内外部的资源支撑，创业活动将难以为继。创业者仅仅拥有资源是不够的，还要能使资源发挥作用，形成核心竞争力，推动企业的发展。资源包括支持企业关键业务的核心资源和与企业构成利益关联的合作网络资源。如果资源状况不能支持创业活动如期开展，很可能会造成企业的业务链或资金链断裂，从而延缓或终止创业进程。

在大多数情况下，创业者不一定也不可能拥有所需的全部资源，这就形成了资源缺口。如果创业者没有能力弥补相应的资源缺口，创业活动要么无法起步，要么受制于人。企业创建、市场开拓、产品推介等工作都需要调动社会资源。大学生平时应多参加各种社会实践活动，扩大自己的人际交往范围。大学生创业前，可以先到相关行业领域工作一段时间，通过工作，为自己日后的创业积累人脉。

5. 技术风险

技术风险是指由于技术方面的因素及其变化的不确定性而导致创业进程延误或创业失败的可能性。技术路径选择的不确定性、技术研发成功的不确定性，技术前景、技术寿命的不确定性，技术效果的不确定性，技术成果转化的不确定性，以及关联技术的不确定性等，都会带来技术风险。核心技术作为新创企业的核心竞争力，往往也具有一定的创新性。但是技术创新能否成功，受到诸多因素的影响，同时也存在着技术创新的价值能否被市场接受的风险。

案例

时刻警惕市场变化

"五分钟"创始人是大学生创业者，他没有什么工作经验，因为开发了著名的"开心农场""小小战争"游戏而被大家熟知，获得了 A 轮融资。

2011 年 4 月，"五分钟"推出了首款 HTML5 游戏《邻邦战争》，而其第一款手机游戏《龟兔再跑》的用户数已突破 20 万。表面上看，"五分钟"似乎在向手机游戏方向转型，同时也没有放弃网页游戏。其实，随着微博和其他社交网络的发展，开心网类型的社交网站在国内已经不再占据任何绝对优势。此外，在手机游戏领域，竞争比网页游戏更激烈。

实力有限的"五分钟"犯下了战线过长的错误，没有集中资源专攻一路。很快，"五分钟"烧干 A 轮资金，转型似乎看到曙光而又仍然在黑暗中。相比较，谈些理念可以获取 A 轮投资，但要获取 B 轮融资就要有实在的业绩。随着团队成员的不断流失，公司的转型失败。2012 年 5 月，"五分钟"承认 B 轮融资失败，并立即从现在办公的杨浦区创智天地退租。

6. 人力资源风险

人力资源风险是指，创业者、创业团队及其员工等人员因素对创业活动的开展产生的不良影响或未能实现创业既定阶段目标而产生的风险。创业者自身的素质和能力有限，创业团队成员的知识和技能水平有限，管理过程中用人不当，关键员工离职，未能获取优质人力资源等都是人力资源风险的主要表现。在知识密集型产业和创意产业中，人力资源至关重要；而在劳动密集型产业中，人力资源更是举足轻重。①

---

① 王艳茹. 创业基础课堂操作示范[M]. 北京：北京师范大学出版社，2014，150-151.

同时，创业者、创业团队及其员工因思想意识差别而产生的风险是创业团队最内在的风险。这种风险来自于无形，却有强大的毁灭力。风险性较大的意识包括投机的心态、侥幸心理、尝试的心态、过分依赖他人的心理、回本的心理等。

案例

人力资源风险更致命

PPG 于 2005 年 10 月成立，其业务是在互联网上售卖衬衫，其业务模式是以轻资产模式运营、减少流通环节，通过电视广告、户外广告，迅速让 PPG 建立起市场领导者的地位。当时，满世界都是"Yes! PPG"的广告语和吴彦祖自信的微笑。

2006 年第三季度，PPG 获得了 TDF 和集富亚洲的第一轮 600 万美元的联合投资。

2007 年 4 月，PPG 获得了第二轮千万美元的投资，除了第一轮的 TDF 和集富亚洲追加投资之外，还引入了凯鹏华盈，它是美国最大的风险投资基金。

2007 年底，三山投资公司击退其他竞争对手，向 PPG 注资超 3000 万美元。

PPG 的创始人，聪明、勤奋，执行力也够，但就是动机不纯。他表面上是做电子商务，但配套的物流、仓储都是自己的公司，或间接与他有关。他不停地向这些公司打钱，投资人的钱作为费用被变相转移到他自己的名下。三轮融资 4600 万美元被变相转移。创始人被传卷款潜逃。

2008 年，PPG 不但丢掉了行业老大的地位，而且官司缠身、高管流散。

7. 管理与决策风险

管理与决策风险是指创业者及创业团队在创业过程中因信息不对称、管理措施不利、经营判断失误、决策失当、团队文化消极等影响创业项目的正常推进，无法实现既定目标而产生的风险。管理与决策风险主要体现为缺乏管理规划、管理不规范、决策随意或决策依据不充分、决策流程不合理、团队执行能力差、团队价值观不统一、组织文化缺失、缺乏诚信与责任意识等。

创业者并不一定是出色的企业家，不一定具备出色的管理才能。启动创业活动的创业者主要有两种。一是创业者利用某一新技术进行创业，他可能是技术方面的专业人才，但却不一定具备专业的管理才能，因此，这会带来管理与决策的风险。二是创业者往往有某种奇思妙想，可能是新的商业点子，但其在战略规划上的能力较差，或不擅长管理具体的事务，这也会造成管理与决策风险。创业者应在创业之初建立基本的团队议事规则，明确近期的项目目标和对该项目的有关决策的处理原则，如何时可以停止项目，在什么情况下可以吸收合作伙伴，在什么情况下可以动用多少资金等等。

✒ **案例**

柯达的陨落

柯达公司胶卷业务曾经被认为是抢钱的买卖。柯达彩色胶卷一盒的销售价格是16～22元，而其生产成本才几毛钱，分摊掉研发成本和推广成本后，其利润惊人。柯达公司每年有数万项技术专利规模，世界上鲜有企业可以与之相比。

但恰恰是这样一个技术发明者，柯达公司错误判断了感光胶卷向数码相机转变的速度，未及时进入数码相机领域。数年之间，人们就不用胶卷了，一个巨大的市场几乎烟消云散了。柯达公司也从天堂掉到了地狱，年亏损额达到10亿美元。

柯达公司总裁曾说："我左脚踩在创新的油门之上，右脚踩在传统的刹车之上，我一会儿踩刹车，一会儿踩油门，我也不知道我该怎么办了。"这并不是柯达总裁一人面临的风险与困惑。当外部环境发生重大改变时，企业过去的成功经验往往会变成企业实现创新突破的阻碍。

8. 财务管理风险[①]

财务管理风险是指创业者和创业团队由于资金、资产经营管理失当而产生的风险。财务管理风险主要体现为对创业所需要资金的估计不足、资金预算不科学、资金使用随意、成本控制不紧、成本结构不合理、缺乏营收管理、未能及时筹措创业资金、融资不当、现金流管理不力等。财务管理风险往往集中体现为资金链断裂，会使创业项目难以为继。

其中，资金风险在创业初期会一直伴随在创业者的左右。是否有足够的资金创办企业是创业者遇到的第一个问题。企业创办起来后，创业者就必须考虑是否有足够的资金支持企业的日常运作。对于初创企业来说，如果连续几个月入不敷出或者因为其他原因导致企业的现金流中断，都会给企业带来极大的威胁。相当多的企业会在创办初期因资金紧缺而严重影响业务的拓展，甚至错失商机而不得不关门停业。

另外，没有广阔的融资渠道，创业计划就是一纸空谈。除了银行贷款、自筹资金、民间借贷等传统融资方式外，创业者还可以充分利用风险投资、创业基金等融资渠道。

✒ **思考题**

1. 什么是创业风险？
2. 导致创业风险产生的影响因素有哪些？
3. 创业风险可以分为哪几类？

---

① 王艳茹，王兵.创业基础课堂操作示范[M].北京：北京师范大学出版社，2014：167-168.

实践训练

利用所学知识，进行实践训练。开展辩题为"在创业初期是否应该为公司财产投保"的辩论赛，正方立场为"是"，反方为"否"。分小组开展活动，每小组 4 人，分别担任一辩、二辩、三辩、四辩。各小组抽签决定立场，然后进行 10 分钟的准备，准备完毕后小组之间两两进行辩论。教师主持辩论并担任裁判，并将训练结果填写在下表中。

小组名称			
姓　名		学　号	
任务名称	整合你的创业资源		
任务描述	1. 以小组为单位开展活动，小组成员 4 人，组长 1 名。 2. 进行辩题为"在创业初期是否应该为公司财产投保"的辩论赛，正方立场为"是"，反方为"否"。 3. 各小组抽签决定立场，然后进行 10 分钟准备。 4. 开展辩论赛活动。		
任务分工			
过程记录			
反　思			
增值评价			

学习笔记

姓　名：	学　号：
本节名称：	

第二节 创业风险的防控

案例导入

张女士痛失餐饮名企俏江南

俏江南是一家知名高端餐饮品牌，公司曾经承办过北京奥运会和上海世博会的中餐服务。为了在 3～5 年内开办 300～500 家俏江南餐厅，2008 年俏江南的张女士与鼎晖投资机构签订了股份回购条款，称如果俏江南无法在 2012 年底之前上市，鼎晖有权以回购的方式退出俏江南。

俏江南先是计划 A 股上市，2011 年 3 月向证监会报材料，但在 2012 年 1 月被终止审核。无奈之下，俏江南于 2012 年 4 月赴港申请上市。虽然俏江南通过了港交所的聆讯，但潜在投资人给出的估值非常低。张女士想等行情好的时候再上市，可行情越等越差，最终俏江南没能够在 2012 年末实现上市。按照条款，俏江南必须以双倍价格回购鼎晖的股份。可在当时的经营情况下，企业根本拿不出这么多钱来。鼎晖就启动了领售权条款，也就是说，VC 可以出售公司股权来变现投资。所以鼎晖就找到欧洲一家最大的私募股权基金 CVC，鼎晖转让了 10.53% 的股份，张女士跟随出售 72.17% 的股份，一共是 82.7% 的股份。出售股份的钱要优先保证鼎晖 2 倍的回报，鼎晖顺利退出了。后来受市场的影响，俏江南不能靠自己的现金流支付银行的贷款，CVC 最终放弃了这部分股权。放弃的股权都被银行接管。至此，CVC 和张女士都从董事会出局了。

问题探讨

1. 张女士面临的风险来自哪里？是内部还是外部？
2. 张女士应如何管控这些风险？

一、创业风险的识别与防控手段

创业不可能是没有风险的，特别是大学生创业者在资源和经验欠缺的情况下，在创业过程中遭遇创业风险是不可避免的。对于创业者来说，只有加强对创业风险的识别与防控，才能更好地推进创业项目。从另一个角度来说，创业的过程其实就是创业者不断克服困难、迎接挑战的过程。勇敢地面对风险、科学地处理风险将伴随创业的全过程。

(一)外部风险的管控

外部风险是由某种企业外部因素引起的，创业者或新创企业本身控制不了或无法施加影响，并难以采取有效方法消除的风险，如环境与政策风险、商品市场风险等。

寻找蓝海是创业的良好开端，但并非所有的新创企业都能找到蓝海。更何况，蓝海也只是暂时的，所以，竞争是必然的。如何面对竞争是每个企业都要时刻考虑的问题，对新创企业更是如此。如果创业者选择的行业是一个竞争非常激烈的领域，那么在创业之初，企业就极有可能受到同行的强烈排挤。一些大企业为了把小企业吞并或挤垮，常会采用低价销售的手段。对于大企业来说，由于其具有规模效益且实力雄厚，短时间的降价并不会对它造成致命的伤害。因此，考虑好如何应对来自同行的残酷竞争是创业的必要准备。

外部风险是创业者自身难以掌控的，创业者只能加强监测和预警，努力规避外部风险。在创业过程中的各个阶段，创业者都应该充分认知风险，预防风险并理性把握相关风险。

理性把握相关风险，即分析、判断相关风险的具体来源、发生概率、程度大小，对可能的风险因素进行评估；测算借机冒险创业的成功概率，设计并选择综合风险较小，且自己有能力承受相关风险的行动方案，并提前准备相应的风险应对预案。

创业者应对外部风险有充分的认知与敏锐的洞察，可以从以下三个方面做好外部风险管控。

1. 充分认知、科学分析

创业者应对其所处的创业环境进行深入了解与科学分析。目前，我国全面实施积极的创业就业政策，贯彻鼓励创业的方针，在自主创业税费减免、小额担保贷款、创业地落户及场地、项目、技术、培训等方面，为大学生创业提供了各种优惠和鼓励政策，创造了更为宽松的创业环境。创业者首先应对创业环境进行正确的认识和了解，采用科学的方法对创业环境进行合理评估，特别是要针对国家发展规划、政策导向、宏观经济环境、行业发展趋势、区域经济状况、技术发展与应用状况、人口消费趋势、社会问题等进行全面、系统、理性的分析判断，以求准确深入地解释创业过程中可能遇到的外部风险。

2. 敏锐洞察、理性预测

任何事物都是有其发展规律，同时任何事物的变化也将引发相关事物的变化，从而产生"蝴蝶效应"。因此，在创业外部风险中，有些风险是可以通过对身边事物变化的观察而预测的。同时因创业者自身知识能力所限，信息渠道所限等，也有些风险是不可预测的。创业者应尽可能运用所学知识和掌握的资源，采用科学的方法来对那些能够预测的风险进行深入分析。创业者还可通过和团队成员共同探讨、请教外部专家等方法来预测可能发生的外部风险，以及该风险会对创业企业带来的影响。创业者应尽量对创业的外部风险做到心中有数，并制订相应的应对预案。

3. 镇定应对、合理管控

由于外部风险的不可规避性，创业者只能根据上述对外部风险的分析和预测来制定合理的应对措施，利用智慧沉着应对，实施风险预案，尽可能降低风险发生时对创业者自身或创业企业的不利影响。

(二)内部风险的管控[①]

内部风险是由创业者或创业企业自身因素引起的，只对该创业者或创业企业产生影响的风险。因此，创业者和新创企业可以在某种程度上对其进行控制，并通过一定的手段予以预防和分散。

创业失败者，基本上都是管理方面出了问题，这些问题包括决策随意、信息不通、理念不清、患得患失、用人不当、忽视创新、急功近利、盲目跟风、意志薄弱等等。大学生创业者的知识单一、经验欠缺、资金实力和心理素质明显不足，这些都会产生内部风险，进而导致创业进程受阻或创业失败。

1. 机会选择风险的防范

机会选择风险是一种潜在且先天的风险，除上文在创业风险的分类中所谈及的内容外，还涉及是否选择创业而给创业者个人带来的人生发展的不确定性。因此，创业者在思考创业时就应该对创业的风险和收益进行全面权衡。这种权衡会受到创业者价值观和人生目标的影响。

创业者应将创业阶段目标和目前的职业收益进行比较，结合当下的创业环境、自己的人生规划对创业进行系统分析。如果认为创业时机已经成熟，且是实现人生阶段目标的最佳途径，且刚好又存在一个商业机会的时间窗口，而且该项目又可以和自己的生涯规划相吻合，那么就可以选择创业。如果条件不成熟，创业者就不要急于创业，可通过就业、深造或者继续从事目前的工作，继续观察社会发展，学习相关的方法和技能，积累经验与资源，建立良好的关系网络，待时机成熟再选择创业。

2. 人力资源风险的防范

人力资源是创业活动中最重要的资源，由此产生的风险对创业企业来说往往是致命的。因此人力资源风险受到创业者和企业家的高度关注。首先，创业者应不断充实自己，持续提高个人素质，使自己的知识和能力与创业活动的需求和企业发展相匹配；其次，创业者应通过沟通、协调、激励、奖惩、评价、目标管理等多种手段管理团队，并在创业团队发展的不同阶段确定相应的管理制度，科学合理地对成员进行绩效评价；再次，创业者还要招聘那些具有良好职业道德和团队合作意识、拥有与岗位技能要求相匹配的员工，不断提升团队能力，加强团队的凝聚力，形成团队的主流价值观，并在此基础上选好人，用好人，才可防范人力资源风险。

3. 技术风险的防范

技术创新能够给技术拥有者带来丰厚的回报，但也可能制约创业进程，甚至使创业者颗粒无收。因此，创业者一定要通过加强自身能力建设或建立创新联盟等方

---

① 李家华. 创业基础[M]. 北京：北京师范大学出版社，2013：82-83.

式减少技术风险发生的可能性。第一，创业者应加强对技术创新方案与技术路径的可行性论证，减少技术开发与技术选择的盲目性，并通过建立灵敏的技术信息预警系统，及时预防技术风险；第二，创业者可通过组建技术联合开发体或建立创新联盟等方式来分散技术创新的风险；第三，创业者应提高创业企业技术系统的活力，降低技术风险发生的可能性；第四，创业者应高度重视专利申请、技术标准申请等保护性措施，通过法律手段减少损失出现的可能性。

4. 管理与决策风险防范

通过提高管理者的素质，建立管理和决策机制可以有效防范创业企业的管理与决策风险。具体来说，可以采取的主要措施有以下几个：第一，创业者应努力提高核心创业成员的素质，帮助他们树立责任意识、诚信意识和市场经济观念，并在此基础上建立管理和决策机制，针对企业发展需求，适时调整组织架构；第二，创业者应在充分调研的基础上实行集权管理，明确企业的决策流程、执行管理机制、监督考核机制和信息反馈机制，合理放权，实施责权利的统一，进而避免不规范、不负责的管理行为发生。

5. 财务管理风险防范

筹资困难和资本结构不合理是很多创业企业明显的财务特征和主要财务风险的来源。有效规避财务风险应做到以下几点。第一，创业者要对创业所需资金进行合理估计，避免筹资不足影响创业企业的健康成长和后续发展；第二，创业者要学会建立和经营创业者自身和创业企业的信用，提高获得资金的概率，丰富资金获取的途径；第三，创业者或团队一定要学会在企业的长远发展和短期利益之间进行权衡，设置合理的财务结构，从适当的渠道获得资金；第四，创业者应管好创业企业的现金流，避免现金断流带来的财务拮据甚至破产清算的局面。

案例

能拿投资，还得会管理

Mysee是国内最早进行P2P视频直播技术研发的公司，是集视频直播、点播、互动娱乐、无线等服务于一体的宽带视频娱乐服务平台。

2005年2月，MySee.com创立，并获得投资100万元人民币。2006年初，Mysee又获得北极光和赛伯乐等机构200万美元的投资。公司曾联合各大门户网站、电信运营商为国内外50余次的大型活动进行了网络直播。但MySee花钱的速度太快了，几十个人，每个月要花掉100多万元人民币。光办公室装修就用了100多万元人民币，公司还要花大量的资金购买视频内容。8个月，200万美元的投资款就消耗殆尽。

🖋 **问题探讨**

1. Mysee 在财务管理上出现了哪些问题和失误？
2. 企业应当怎样进行财务管理风险的防范？

二、风险应对策略

(一)风险应对策略

应对创业风险一般分为风险识别、风险评估和风险应对三个阶段。①

1. 风险识别

风险识别是创业者对创业过程中可能发生的风险进行认知和预判的过程。创业者应根据风险分类，全面、客观地审视创业过程，从风险产生的缘由入手，深入探究诱发风险的各类因素，使这些因素成为容易被观察并发现的基本单元，找出现实与不远的将来可能影响创业阶段目标与终极目标实现的各种风险。创业者可以采用绘制创业流程图、制作风险清单、制订风险预案、集体研讨、市场调查、专家建议等方法进行风险识别。

在创业初期，由于创业者及其团队在创业活动的各个环节存在着诸多不成熟的因素，因此风险产生的概率较高。为此，创业者及其团队应在常规工作管理中强化风险识别工作，时刻保持高度的敏感，做到在计划中体现，在汇总中关注，在总结中分析。

2. 风险评估

风险评估包括两类，一是对各种风险发生的可能性及发生之后的损失程度的评估，二是对风险事件发生的可能性大小、可能的影响范围和危害程度、预期发生的时间、风险因素所产生的风险事件的发生概率四个方面进行评估。

创业初期，创业者及其团队既要有直面创业风险的勇气，又要有理性应对风险的方法，这是对创业者智慧、能力和素质的磨砺与考验。风险评估可以使创业者更理性地应对风险，做好面对风险的充分准备。

3. 风险应对

风险应对是创业者在风险评估的基础上，选择最佳的风险处理措施，采取及时有效的方法进行防范和控制，用最经济合理的方法来综合处理风险，以实现最大安全保障的一种科学管理方法。

(1)风险应对方法

常用的风险应对方法有风险避免、风险自留、风险预防、风险抑制和风险转嫁等。

风险避免是指设法避免损失发生的可能性，基本上能消除特定的风险发生的可

---

① 李家华．创业基础[M]．北京：北京师范大学出版社，2013：79－80．

能性。这种方法是一种消极的风险管理方法。通常当某种特定风险所致损失的频率或者损失的幅度相当高时，或者创业者不能接受采用其他风险管理方法所产生的成本时才会采用这种方法。就像汽车驾驶新手上路时，为了避免发生交通事故，选择到没有车的路段驾驶。

风险自留是创业者自我承担风险损失的一种方法。风险自留常常在风险损失概率和幅度较低、损失短期内可以预测及最大损失不影响创业活动的正常进行时采用。驾驶新手上路，即便非常小心，也会发生一些轻微剐蹭或被其他车辆鸣笛催促，这些都是很正常的。驾驶员应该可以承受上述事件造成的心情不悦与经济损失。

风险预防是指在风险损失发生前为消除或减少可能引起损失的各种因素而采取的处理风险的具体措施，其目的是通过消除或减少风险因素达到降低损失发生概率的目的。风险预防通常在损失的频率高且损失的幅度低时使用。比如汽车驾驶新手上路，为预防交通事故的发生，就应严格遵守交通规则，集中精力，认真驾驶。

风险抑制是指在损失发生时或损失发生后为缩小损失幅度而采取的各种应对措施。损失抑制常常在损失幅度高且风险又无法避免或转嫁的情况下采用，如损失发生后的自救和损失处理等。汽车驾驶员，在交通事故无法避免时，宁可撞树、撞墙，也不能撞人。只有这样，才能将事故的风险损失降到最低。

风险转嫁是指创业者为避免承担风险损失，有意识地将损失或与损失有关的财务后果转嫁给他人去承担的一种风险管理方法。具体来说，创业者可采用保险转嫁、转让转嫁和合同转嫁等方式。汽车驾驶员应为车辆办理相关保险，在发生交通事故及造成损失时，可由保险公司承担损失结果。

（2）风险应对策略[1]

创业者或创业企业需要针对风险评估的结果和具体的评估环境选择合适的风险应对方法，采用科学的风险应对策略，如表 6-1 所示。对于损失金额小的风险，创业者可采取风险自留的方式；对于那些出现概率大、损失金额高的风险，创业者可采用风险转嫁的方式等。

表 6-1　风险应对策略矩阵

风险出现频率 风险影响程度	高频率	低频率
高程度	风险避免 风险抑制 风险转嫁	风险避免 风险抑制
低程度	风险避免 风险预防	风险自留

[1]　李家华.创业基础[M].北京：北京师范大学出版社，2013：79-80.

(二)创业者精神与风险应对

创业者能否感知到创业机会的存在取决于他们是否能有效识别外部信息和对信息进行选择性的过滤与组合。风险倾向、成就需要、内控资源、不确定性、容忍度等特质是创业者敏锐识别创业机会的基础。

一个优秀创业者是具有超凡思想的开拓者，他能将未来趋势与现实问题相结合，具有主流的伦理道德品质和充满变革、敢于冒险的胆识。创业者作为精英群体，应具有的品质包括洞察力、分析力、想象力、沟通力、同理心、热情而冷静、责任感、专注力、变通力、凝聚力与执行力。创业者是社会变革的倡导者与推动者，他们充满激情、目标坚定、不畏困难、具有高度的风险意识和风险承担能力及高度的合作精神和创新能力，并对社会发展具有强烈的使命感。创业者的同情心与利他的人格能促进其对社会需要的认知，从而促进其对社会与人性的思考，最终推动创业实践活动的展开。

思考题

1. 怎样做可以预防和管控创业风险？
2. 创业者应当如何应对创业风险？

实践训练

实践训练 1：

利用所学知识，进行案例风险分析，并提出风险应对策略。

小组名称			
姓　名		学　号	
任务名称	创业风险分析及应对		
任务描述	浙江海宁皮件厂老总在看到北京冬奥会冰墩墩热卖之后，连夜设计出一批印有冰墩墩的精美皮质钱包，在市场上进行销售。		
任务分工	1. 以小组为单位开展活动，小组成员 5～6 人，组长 1 名。 2. 对上述案例进行风险分析，并提出规避风险的策略。		
过程记录	(1)该决策的风险主要有： ＿＿＿＿＿＿＿＿＿＿＿＿＿＿＿＿＿＿＿＿＿ (2)以上风险，哪些是可以规避的：＿＿＿＿＿＿＿＿ (3)哪些不能规避：＿＿＿＿＿＿＿＿＿＿＿＿＿＿ (4)要实现该决策的销售目标，除了该方案，请你设计一个备选方案： ＿＿＿＿＿＿＿＿＿＿＿＿＿＿＿＿＿＿＿＿＿ (5)权衡这两个方案，还需要搜集哪些方面的信息： ＿＿＿＿＿＿＿＿＿＿＿＿＿＿＿＿＿＿＿＿＿ (6)如果要使风险最小化，你认为可采取哪些应对措施： ＿＿＿＿＿＿＿＿＿＿＿＿＿＿＿＿＿＿＿＿＿		
反　思			
增值评价			

实践训练 2：

利用所学知识，与创业者进行充分的沟通，同时完成下表。

小组名称				
姓　名		学　号		
任务名称	创业者创业风险访谈			
任务描述	访谈对象的 基本情况			
	风险分类	创业启动之初 （问题/如何解决）		运营发展阶段 （问题/如何解决）
	环境和政策 风险			
	机会选择 风险			
	商品市场 风险			
	资源利用 风险			
	技术风险			
	人力资源 风险			
	管理与决策 风险			
	财务管理 风险			
	其他 困难与风险			
	建议与感言			
任务分工				
过程记录				
反　思				
增值评价				

学习笔记

姓　名：	学　号：
本节名称：	

第七章 创业计划

学习目标

❖ 认识创业计划书的作用。

❖ 了解创业计划书的基本结构、编写过程和所需收集的信息和数据。

❖ 掌握创业计划书的撰写方法。

案例导入

一份创业计划开启了一番事业

张先生原毕业于某名牌大学，经过多年的业余研究，他在室内环境污染治理方面取得了一项重要技术突破。这项技术如果在实际中得到应用，前景将非常广阔。于是张先生便辞去原来的工作，准备自己创业。但由于多年的积蓄都用在了室内环境污染治理的研究上，在东拼西凑注册了一家公司后，张先生已经无力招聘员工，购买实验材料了。无奈之下，张先生想到了风险投资基金，希望通过引入合作伙伴的方式解决困境。为此，他多次与一些风险投资机构或个人投资者接洽商谈。虽然张先生反复强调他的技术多么先进，应用前景多好，并拍着胸脯保证投资他的公司回报绝对不会低，但这些都无法说服对方，而且他也无法回答投资人问到的数据问题，如市场需求量具体有多少，一年有多大的销售量，投资后的年回报率有多高等。公司要招聘一些技术骨干也比较困难，因此，投资人总是对公司的前景缺乏信心。

这时，张先生的一位做管理咨询的朋友点醒了他："你的那些技术有几个投资者搞得懂？你连一份像样的创业计划书都没有，怎么让别人相信你？投资者凭什么相信你？"。于是，在向相关专家请教咨询后，张先生又查阅了大量的资料，然后静下心来，从公司的经营宗旨、战略目标出发，对公司的技术、产品、市场销售、资金需求、财务指标、投资收益、投资者的退出等方面进行了分析和论证。当然在这个过程中，他还要做一些市场方面的调查。一个月后他就拿出了一份创业计划书的初稿，经过几位相关专家的指点，他又再次进行了修改和完善。凭着这份创业计划书，张先生不久就与一家风险投资公司达成了投资协议。有了风险投资的支持，员工招聘问题也就迎刃而解。

现在，张先生的公司经营得红红火火，年销售利润已达到 500 万元。回想往事，张先生感慨地说："创业计划书的撰写，绝不是随便写一篇文章的事。撰写计划书的过程就是我不断理清自己思路的过程。只有企业家的自己思路清楚了，才有可能让投资人和员工相信你。"

问题探讨

1. 创业是实践活动。为什么还需要在行动前撰写商业计划呢？计划是为谁而写？谁会去看呢？

第一节 创业计划书概述

创业之路漫长而艰巨，创业的第一步是写一份创意满满、周密精细和战略方向精准的创业计划书。优秀的创业计划是创业者才智创意的展现，也是创业者打开希望之门的金钥匙。

一、创业计划书的内涵

创业计划书，也被称为商业计划书，是从创意到执行的方案，相当于可行性研究报告，其本质是用承诺换取投资人的支票。

创业计划书是创业者经过前期对项目的调研和分析，在搜集与整理有关资料的基础上，对创业活动具体筹划的全方位描述，最终形成与创建新企业有关的内、外部环境条件和要素的书面文件，是各项职能计划的集成，是成功创建新企业的行动导向和路线图，既为创业者行动提供指导，也为创业者与外界沟通提供基本依据。

在创业计划书里，创业者需要预测新企业的未来收益和规模，明确成本投入，并对各种不确定性乃至风险进行了全面的预测和控制。创业计划书不仅仅是一个执行计划，更是一张新企业的名片，一方面可用来吸引外部的利益相关者，从而获得融资和合作的机会，另一方面可指导新企业内部人员的工作。通常来说，一个好的创业项目是由具有竞争力的产品或服务、可行的商业模式和优秀的创业团队等共同组成的。创业者需要通过相关数据来准确传达其意图和创意。

二、创业计划书的作用

创业计划书的撰写可以促使创业者系统地思考各个影响因素，使创业创意更加具体清晰。创业计划书是新创企业的推销性文本。通过创业计划书，创业者可向有实力的投资者、创业孵化园、供应商、潜在的合作伙伴及相关人员和单位展示自我。

(一)创业计划书是创意转化为行动的加速器

1. 强化创意

在撰写创业计划书的过程中，创业者的创意会逐渐清晰化和系统化，最终走向成熟。通过梳理项目中的各具体环节和要点，创业者可从商业模式、市场、管理、财务和营销等各个方面细述中全面客观地了解企业的优势、劣势、机会和挑战，从而做到知己知彼，百战不殆。

2. 创建和凝练团队

一般来说，创业团队的创建是在创业计划写作之前的事，创业团队本身就是创业计划的重要内容之一。通过展示创业计划书，创业者可以吸引优秀的人才加入创业团队，也将创业团队中的各个成员有序地串联起来。创业计划书是创业团队沟通的语言和凝聚团队力量的重要工具。

案例

朗斯洗涤剂公司(Laundress)的创建①

格温·怀延(Gwen Whiting)与林赛·维贝尔(Lindsey Wieber)在康奈尔大学研究纤维织物时相遇，毕业后两人决定共同创建一家企业。她们谈到当时的情况时这样说。

格温：林赛和我在康奈尔大学上学，一起研究纺织品并想共同创办企业。我们清楚，这很快就能成为现实。我们总在谈论各种创意。我们要做的第一件事是撰写商业计划书，再进行现金流分析。我们打算在开发产品之前，尽可能多地做些调研。

林赛：我们利用阵亡将士纪念日完成了商业计划，又利用国庆日进行了现金流分析。我们把创意写在纸上后，回到康奈尔大学拜访了一位教授，接受了一次化学方面的速成教育。她与我们一起工作，开发产品的合成配方。

格温：我在哥伦布纪念日的时候，找到一家制造商。每当我们有空余时间，就全身心致力于企业事务。我们从来没有和朋友到海边度过假。

以上案例告诉我们创业的第一件事是撰写创业计划书。事实证明，在创业项目可行性分析基础上完成的创业计划书，更能够让创业者明白要做什么，为什么这样做，以及如何去做等一系列问题。

盖伊·川崎(Guy Kawasaki)一旦将商业计划写到纸上，那些希望改变世界的天真想法就会变得实实在在且不断遭遇冲突。因此，文件本身远不如形成这个文件的过程重要。

---

① 布鲁斯.巴林格，爱尔兰，等.创业管理：成功创建新企业[M].张玉利等，译.北京：机械工业出版社，2006：62.

(二)创业计划书是创业过程的蓝图设计和行动指南

首先,企业创建之后,在企业内部,创业计划书可以清晰地传达出企业的战略目标,细分每个岗位的任务,营造企业文化氛围,团结不同诉求的员工向总目标前进。假设你是一家创业机构的新任副总裁,负责某一部门的业务,那么按照创业计划书设定的路线开展工作,是确保部门目标与企业总目标一致的最佳方法。

其次,一项比较完善的创业计划能客观全面地体现创业企业在成长过程中可能遇到的各种机遇和挑战,并提出相应的解决之法。因此,创业计划是创业行为过程的导航,能够帮助创业者提高经营成功率,明确企业需要采取的各种措施,识别经营中所需的各种资源及资源最佳整合方式。不同业务部门可依据创业计划,制定操作性强的绩效标准,以确保经营运作有条不紊。

(三)创业计划书为创业企业寻求融资与合作提供基础文件

创业计划书是新创企业的营销工具。它为新企业提供了一种向潜在投资者、供应商、商业伙伴和关键职位应聘者展示自我的机会。创业计划书从各个方面对创业项目进行可行性分析及筹划,是投资机构评估甄选创业项目的重要依据。例如,由大学及社会团队主办的创业孵化机构在筛选创业项目时都要求创业者提交创业计划书,并以此来选定孵化扶持的创业项目。

创业计划书向其他的利益相关者呈现了创业项目的远景和各种可能性。作为企业发展的蓝图,创业计划书记录市场需求所带来的机会,并向利益相关者展现创业者能够提出解决方案且该解决方案在市场上具有可行性,并能为所有利益相关者带来经济回报。

另外,创业者为争取政府的政策倾斜和资金支持,就必须提交创业计划书。按照特定要求编制的创业计划书将更容易获得政府的扶持。

三、创业计划与创业筹划的区别

创业筹划的过程实质上是信息的搜集过程,是分析并预测环境,进而化解未来风险的过程。撰写创业计划书之前,首先要进行的是创业筹划。创业筹划分析了新创企业在实践中可能遇到诸多问题,旨在降低创业风险,提高创业企业的成功率,推动创业企业的健康持续发展。因此,创业计划是创业筹划的具体展示和理性思考后的结果。创业计划从属于创业筹划。创业计划是对创业筹划的提炼。进行创业筹划时,创业者首先要确定目标,这将有助于创业者利用这些目标持续、及时地评估企业的发展状况;其次,创业筹划要留有空间,使创业者能够考虑潜在的障碍以制定战略预案;最后,所有创业者团队成员应集思广益、齐心协力、分工合作。

✎ 思考题

1. 什么是创业计划书?
2. 创业计划书有什么作用?

实践训练

依据所学知识，各小组根据自己的创业项目进行头脑风暴，思考一下哪些人会关注你的创业计划书？他们可能最关注创业计划书中的哪些内容？请在白纸上围绕着创业计划书，尽可能多地列出他们的身份和最大的关注点。

小组名称			
姓　名		学　号	
任务名称	关注你的创业计划书		
任务描述	1. 以小组为单位开展活动，小组成员5～6人，组长1名。 2. 通过头脑风暴思考哪些人会关注你的创业计划书？他们可能最关注你的计划书中的哪些内容？		
	创业计划书 关注者	身份/职务	关注内容
任务分工			
过程记录			
反　思			
增值评价			

学习笔记

姓　名：	学　号：
本节名称：	

第二节　创业计划书的编写要求和主要内容

案例 导入

好的商业计划书就是一个好的故事

小志是一名大专学生，受家庭环境影响，小志自小就随父母做点小生意，也因此养成了自立且独立思考的个性。早在读高中时，他就一直有一个创业的小点子，但一直没机会展示出来。最近他就读的学校团委号召大家踊跃参加一个创业大赛，参赛者必须提交一份创业计划书。他想借此机会历练一下，让专家们评审一下他的创业点子的可行性。但是，如何才能写好一份创业计划书呢？他上网搜索，发现很多商业计划书的写作都是固定的套路，有模板参考。于是小志按照模板编写了一份完整的创业计划书。他把第一稿交给了指导老师。指导老师翻阅了一下后，基本赞许了他的创业方向，但同时说："大赛的评委专家们，每年收到数不清的创业计划书，这些计划书每一篇都大同小异。他们会有兴趣深入了解你的项目吗？每一份创业计划书背后都是一个创业的故事；每一份创业计划书都应有其独特性。完全照搬格式的商业计划书打动不了自己，不能让自己兴奋，又怎能让你的投资人兴奋？"

小志明白了，一个好的商业计划书就是一个好的故事。他决定回去好好修改一下，在保证计划书的基本信息完整性的前提下，运用自己独特的叙述思路和呈现方法，让自己的创业计划书成为耀眼的那颗星。

问题探讨

1. 你能否用语言清晰地描述出项目团队发现的问题是什么？你有什么可以解决问题的方案吗？

2. 目前，你的项目进展到什么程度？你希望实现什么目标？需要哪些资源？如何才能实现？

一、创业计划书的一般格式

好的创业计划书脉络清晰，逻辑严密，资料详尽，论述合理，并且能极大体现创业者及创业团队的素养和能力，体现创业者的逻辑思考。

虽然各类创业计划书的结构和格式不同，但都遵循着共同的规律。创业者要根据实际需要选择合适的方法呈现创业计划书。

创业计划书撰写的顺序和格式如下：

1. 封面

包括企业的名称、地址、联系方式等。

2. 目录

创业计划书核心内容的导读和检索的目次。

3. 内容

一般分为执行摘要、企业基本情况、项目(产品/服务)介绍、市场分析、生产/服务管理、营销策略、组织管理、资金和其他资源需求情况、财务分析与预测、风险分析、附录等内容。

以下给出两种创业计划书的一般格式供参考。其中表7-1适用于生产型企业,对企业技术与生产管理有可行性和可操作性的说明。一般说来,生产型企业比服务型企业的资本金数额大。表7-2适用于服务型企业。服务型企业也可能涉及一部分产品的生产,因此这部分也要在计划书中阐述清楚。对于创业计划书中的其他要素,无论是何种形式的企业均要做出准确的描述。

表7-1　创业计划书结构类型(1)(适于生产型企业)

一、前言	七、新创企业的描述
1. 企业名称和地址	1. 产品
2. 负责人姓名及简介	2. 服务
3. 企业的性质	3. 新创企业的规模
4. 对所需筹措资金的陈述	4. 办公设备及人员
5. 报告机密性陈述	八、生产计划
二、执行摘要	1. 制造过程
三、行业分析	2. 厂房
1. 对将来的展望和发展趋势	3. 机器和设备
2. 竞争者分析	4. 原材料供应商情况
3. 市场划分	5. 新技术
四、营销计划	6. 应急计划
1. 定价	九、财务计划
2. 分销	1. 利润表预测
3. 促销	2. 资产负债表预测
4. 产品预测	3. 现金流量表预测
5. 控制	4. 盈亏平衡分析
五、组织计划	5. 成本费用的预测
1. 所有权的形式	十、附录(必要补充材料)
2. 合伙人或主要股权所有者的身份	1. 市场调查数据
3. 创始人的权利	2. 租约或合同
4. 创业团队的背景	3. 供应商的报价单
5. 创业团队成员的角色和责任	4. 相关重要资料
六、风险的估计	
1. 企业弱点的评价	
4. 行业预测	

表 7 - 2　创业计划书结构类型(2)(适于服务型企业)

一、执行摘要	七、产品制作管理
1. 公司概述	1. 工作流程图以及生产工艺
2. 市场机会和竞争优势	2. 生产设备及要求
3. 产品(服务)前景	3. 质量管理措施及方法
4. 成本分析	4. 未来 3 年的预计会计报表及附表
5. 创业团队概述	八、管理体系
二、公司背景描述	1. 公司性质及组织形式
1. 国内外发展历史及现状	2. 部门职能
2. 公司所处的环境及创立背景	3. 管理理念及公司文化
3. 新创企业经营业务及内容	4. 团队成员任职及责任
4. 新创企业设立程序及其日程表	九、投资分析
5. 预计资本金	1. 股本结构与规模
三、产品服务介绍	2. 资金来源与运用
1. 产品服务描述	3. 投资收益与风险分析
2. 产品服务优势	4. 可以引入的其他资本
四、市场调查和分析	十、财务分析
1. 市场容量估算	1. 财务预算的编制依据分析
2. 预计市场份额	2. 财务数据分析
3. 市场组织结构	十一、机遇与风险
五、企业战略	1. 机遇分析
1. SWOT 分析报告	2. 外部风险分析
2. 新创企业总体战略	3. 内部风险分析
3. 新创企业发展战略	4. 解决方案和应对措施
六、营销策略	十二、风险资本的退出
1. 目标市场	1. 撤出方式
2. 产品和服务	2. 撤出时间
3. 价格的确定	十三、附录(必要补充材料)
4. 分销渠道	
5. 权力和公共关系	
6. 政策	

二、创业计划书的基本要素和核心内容

创业计划书的内容因创业者的经验、知识及目的的不同而有所不同。但是，创业计划书的内容应尽可能地详实，以便为潜在投资者描绘一个完整的企业蓝图，使他们了解新创企业，并帮助创业者深化对企业经营的思考。创业者可根据需要适当添加创业计划书的条目，例如，政府当局可能更关心该计划对当地失业率的影响，

那么创业者可以对这一方面做专门介绍。

一般来说，一份完整的创业计划书主要包括企业概况、产品与服务、商业构想与市场分析、选址、营销方式、法律形式、组织结构与创业团队、成本预测、现金流管理计划、盈利情况预测、资产负债表等内容，这些都是整个创业过程中不可或缺的元素。

(一)封面和目录

一份好的创业计划书常常有一个令人印象深刻的封面。好的封面的设计可以吸引审阅者的眼球。对于发展期的新创企业来说，计划书的封面应该体现出产品或服务的特色与企业文化。此外，封面应该包含基本的企业信息，如公司名称、地址、联系电话、日期及创业者的联系方式公司网址等内容。联系信息应该包括固定电话、电子邮件地址和移动电话号码，并应放在封面顶端中间位置。封面底部可以放置警示阅读者保密等事项信息。如果公司已经有注册商标，应该把商标放在靠近封面中心的位置。目录页紧接着封面，列出创业计划书和附录的组成部分及对应页码。

(二)执行概要

执行概要是创业计划中最能吸引投资人的部分。执行概要并不是创业计划书的引言，而是对整个创业计划的高度凝练。更加重要的是，执行概要应该是在创业计划之后完成的。如果创业者首先写完执行概要，就可能会根据执行概要来撰写创业计划，而不再详细思考创业计划的各个独立部分。

执行概要的描述顺序应该与创业计划书的描述顺序相同，基本包括企业定位、所要进入的行业、产品与服务描述、市场分析、可行性分析、营销策略、管理团队与组织结构、财务分析、融资方案与风险投资的退出策略等。

执行概要应重点向投资人传递五方面信息。

1. 创业企业的理念是正确的，创业企业在产品、服务或技术等方面具有竞争对手所没有的优势；

2. 商业机会和发展战略是有科学根据和经过深思熟虑的；

3. 企业有管理能力，创业团队有一个坚强有力的领导班子和执行队伍；

4. 创业者清楚地知道进入市场的最佳时机，知道如何进入市场，什么时候退出市场；

5. 企业的财务分析是真实的。

(三)企业概况

企业概况是对创业企业或创业者拟建企业总体情况的介绍，其主要内容包括企业组织结构、业务性质、企业类型、业务展望、企业的投资比例结构与额度、供应商等。这部分应重点描述公司未来业务发展计划，并指出关键的发展阶段，本企业生产所需原材料及必要的零部件供应商。企业概况向创业计划审阅者展示了创业者是如何将创意变成一家企业的。

在企业概况的描述中，创业者要让投资者清楚企业的当前状况，即企业发展到何种程度。创业者可以根据企业经历的重大事件来划分企业发展阶段，例如：何时产生了创意，何时注册了企业名称，何时进行了可行性分析和创业计划等。此外，创业者要真实地描述企业现有的商业资源，包括供应商、分销商、商业合作伙伴等。是否拥有或者是否在争取合作伙伴，是投资者关注的重点。因为一个项目所涉及的利益相关者越多，其发展速度越快，风险越低。

(四)产品与服务

创业者对产品与服务的说明要详细、准确、通俗易懂，能突出产品优势。同时，创业者要对开发工作的进展程度及需要推进的其他工作做简要的说明。

1. 产品或服务的名称与用途：产品的概念、性能及特性。

2. 产品或服务的市场竞争优势。

3. 技术优势、功能优势、产品的品牌优势及优势的保护。

4. 产品或服务的发展：产品的前景预测、技术与功能的变化、产品的系列化、新产品计划、风险与困难。

5. 产品或服务的理念。

6. 产品的技术开发状况。

在进行投资项目评估时，最为投资人关注的是新创企业的产品或服务的实用性。产品与服务介绍中通常包括以下内容。

1. 消费者希望产品或服务能解决什么问题？消费者能从企业的产品或服务中获得什么好处？

2. 与竞争对手相比，新创企业的产品具有哪些优势？消费者为什么会选择本企业的产品？

3. 企业为自己的产品或服务采取了何种保护措施？企业拥有哪些专利、许可证，或与拥有专利的人或厂家达成了哪些协议？

4. 为什么产品定价可以使新创企业产生足够的利润？为什么消费者会大批量购买本企业的产品？

5. 新创企业采用何种方式改进产品性能？对发展新产品有哪些计划？

企业产品或服务的市场前景和潜力是决定一个企业价值的重要因素。风险投资者对于企业价值的评估首先是从企业的产品和服务开始的。因此在创业计划书中，创业者一定要提供所有与企业的产品或服务有关的细节，包括企业所进行的有关产品和服务的调查。

(五)行业与市场分析

1. 行业分析

本部分是对创业者所进入产业的整体分析，包括产业规模、整个产业每年所产生的价值，如何在产业中生存与发展等。在分析过程中，创业者应该向创业计划书审阅者提供行业参与者的情况，如本行业中的主要企业有哪些，它们以什么为导向，它们对环境的变化是如何反应的，你的企业做好了哪些竞争准备，能否填补行业空隙。

此外，创业者还要分析行业的发展趋势，包括环境趋势和业务趋势。环境趋势包括经济趋势、社会趋势、技术进步和政治与法规变革。业务趋势包括产业利润率的增减、投入成本的升降等。在行业分析的结尾部分，创业者应该对行业长期前景进行简单陈述。

2. 市场分析

市场分析是创业计划书的重要内容。因为产品或服务有巨大市场才会有前景，企业的价值才能够不断提升。市场分析包括以下几个方面。

(1)产品的需求、需求的程度，预计利益，新的市场规模，未来发展趋向及其状态，影响需求的因素等；

(2)企业所面临的竞争格局，主要竞争者，利于本企业产品的市场机会，市场预计占有率，本企业进入市场引起竞争者的反应预期及其影响等；

(3)目标顾客与目标市场，本企业的市场地位、市场价格和特征。

市场是使企业潜在价值得以实现的舞台，没有市场，再好的产品或服务也无法实现其价值，再好的企业也无法提升其价值。从这个意义上讲，产品是虚的，市场才是实的。创业计划书要深入分析市场的潜力、目标市场的定位、市场目标，要细致而深入地分析经济、地理、职业、年龄及心理等因素对消费者选择购买本企业产品的影响，以及各个因素所起的作用。

创业者要通过反复多次的调研来确定目标市场，并对市场进行细分。大多数成功的创业者都是从细化目标做起来的，也只有这样才能做到产品的专业化与品牌化。

创业者可以多维度划分市场，并逐步选出适合自己的特定市场。例如，在蒂什·西拉沃洛(Tish Ciravolo)开创黛西摇滚吉他公司(Daisy Rock guitars)之前，吉他产品从来没有按照性别进行细分。而黛西公司专门为女性制作吉他，其竞争优势在于能生产符合女性纤巧身形和手掌的吉他产品。当然生产这一产品的决定是在充分调研的基础上作出的。如果没有或者很少有女性弹吉他，那么作出这一市场细分是没有任何意义的。

企业必须进行准确的市场定位，这也是产品或服务能在市场上生存的关键。创业者需要根据产品(服务)的特性和企业的情况在细分市场中选择一个或几个目标市场，结合企业的目标、产品、优势、劣势、竞争者的战略等因素说明为何选择这一市场，顾客为什么会购买企业的产品(服务)等。

在市场分析中，创业者一定要结合调研报告来进行分析，用数据说话，避免主观臆断。如果企业已经签署了一些订单或合同意向书，创业者可以直接出示给投资者，因为这些材料能有力地证明产品的市场前景。

(六)选址

这部分通常由描述新创企业位置开始。选址时，创业者需要考虑合适可用的劳动力、工资率、供应商、物流、消费者及社区支持等。此外，当地的税收政策和地区需求量、当地银行对新创企业的支持也应在考虑范围之中。其他需要考虑因素包括供应商的数量和距离远近、有关装运材料的交通费用、劳动力供给、需要的技术配置等。

(七)营销计划

营销计划主要描述产品或服务的分销、定价及促销，是创业计划书中的一个重要组成部分。本部分内容包括价格定位、促销手段、销售计划(如渠道、方式)等，主要侧重于阐明产品进入目标市场的方式、广告渠道及销售方式。

1. 总体营销战略

一般情况下，总体营销战略部分位于具体营销战略部分之后。总体营销战略是一套系统的营销理念，需要反映出如何使产品(服务)达到预期的目标。创业者要从战略的高度将产品(服务)进入目标市场并获取市场价值的思路理清；要结合产品(服务)的特点，找出进入市场的切入点，选择产品的渗入方向。

总体营销战略包括三方面。(1)结合前面的市场分析说明企业定位，突出企业自身的特色。(2)对四个具体战略进行提炼——在市场营销中称为"4P"或"4C"。通过各个具体战略来展现创业企业的特色。(3)对"4P"或"4C"未能涵盖的内容进行说明，比如公关关系战略等。

2. 产品战略

产品是营销"4P"的第一要素，是通过产品(服务)满足客户的需要并从中获取利润的重要方式。产品战略是整个营销战略的基础。与前文的产品(服务)部分相比，这部分着重关注产品战略的营销方面。

(1)设计与产品定位相匹配的营销策略

在产品进入市场之前，创业者需要考察清楚受众群体能够接触到产品信息的场所，再利用自身资源进行成本收益分析，选择最优营销策略，同时对产品(服务)进行分层分类，创造出不同的吸引力。在核心产品层次，创业者需明确能给客户提供哪些基本效用和利益；在稀缺产品层次，创业者需明确能为优质客户带来多大的额外价值和附加利益。明确了这些之后，创业者就要选择与之相匹配的营销策略。

(2)产品组合策略

创业者应向投资者说明企业的产品组合策略，主要包括企业将经营的产品类别，产品线有多少，产品线内有多少组产品项目，各种产品在功能、生产和销售方面的相互联系是否紧密等等。对产品组合的阐述要着重让投资者确信产品能够满足市场上的不同需求，同时也符合企业自身的效益。

(3)品牌策略

品牌策略的目的是使产品(服务)在顾客心中形成一种品牌文化。因此，如何形成这种品牌文化是策略的核心。在策略的选择上创业者要思考使用何种品牌策略，是个别品牌策略、统一品牌策略、分类品牌策略、延伸品牌策略还是多品牌策略。

（4）产品开发策略

在这一部分，创业者要向投资者说明将采取怎样产品开发方式，要使投资者相信，企业的开发策略符合企业自身的实力和经济效益。

（5）定价战略

价格是营销策略中非常重要的方面，因为价格决定了企业能赚多少钱，价格也向目标市场传递着重要信息。例如，斯普瑞玩具公司生产教育类儿童玩具，它将其产品定位于高端市场，如果斯普瑞玩具公司宣传其产品是高品质玩具，却定价很低，那么目标市场的顾客就会感到迷惑。此外，低价格也难以支撑斯普瑞公司继续开发产品所需的资金。[1]

（6）分销战略

分销战略需要说明两个问题，即销售渠道的长度和宽度。销售渠道的长度指在产品和顾客之间经过多少环节，是通过代理商、批发商，零售还是直销。创业者应结合创业企业、市场和产品的特征来说明作出这种选择的原因。销售渠道的宽度指企业的市场销售窗口的大小和销售点的分布情况。

（7）促销战略

促销就是促进销售，其作用在于加强企业和顾客之间的信息交流并促进销售或购买行为。促销主要分为促销战略和促销方式两个层面。

在战略层面上，创业者需要从促销的目标、产品的性质、生命周期及市场等角度进行思考，要清楚地说明向谁促销，是中间商还是顾客，并根据产品的性质、产品所处的生命周期阶段及市场特征，说明应采取怎样的促销方法。

创业者还要说明促销的方式，是采取人员促销，还是求助于推销员或者营销机构。如果产品推销、市场开拓、信息沟通、市场调研或者提供咨询服务采取的是非人员促销方式，那么创业者需明确是否要做广告，用什么方式做广告，是否要做营业推广，如何做推广，是否要通过新闻宣传、展览会或者公益活动进行公关促销。

（八）法律形式

创业项目是单独创业，还是合伙创业。如果是合伙创业，公司的起始资本额分配问题等都需要纳入考虑范围。选择哪种法律形式并没有一套可依循的准则，创业者需要根据实际情况加以判断。因此，创业者必须先了解各种公司法律形式的利弊及运营方式，再选择最适合的组合模式。虽然各个企业的运营架构存在细微差异，但是创业者需要明确企业运营出现状况时，企业内部将由谁负起最后法律上的财务责任。无论创业者选择哪种经营模式，都不代表公司的经营体制将定型不变。依据公司的发展，创业者可对公司的体制做适当的变更。

（九）组织结构与创业团队

创业者需绘制企业组织结构图，明确部门职责分工，企业薪酬体系，企业股东

---

① 巴林格，等．创业管理：成功创建新企业[M]．北京：机械工业出版社，2010：60．

名单和董事会成员，职工工作绩效考核方式及企业的激励机制等。

科学精细的组织结构和人力资源管理设计标志着创业管理团队的素质水平，是投资者最为关注的重点之一。企业管理的好坏直接决定了企业经营风险的大小。高素质的管理人员和良好的组织结构是管理好企业的重要保证。一般而言，创业团队应该是互补型的。一个企业必须同时具备产品设计与开发、市场营销、生产作业管理、企业理财等方面的专业人才。这部分内容包括创业者团队所具备的才能、关键管理人员及其主要职责、董事会、所有其他投资者的股权状况、专业顾问和服务机构等。

另外，这部分最好能详尽展示企业创业团队的战斗力和独特性，包括职业道德、能力与素质；与众不同的凝聚力和团结战斗精神；人才济济且结构合理，在产品设计与开发、财务管理、市场营销等各方面均具有独当一面的能力，足以满足企业成长发展的需要等。

(十)财务计划

1. 成本预测

成本分为不变成本和可变成本两大类。不变成本是指一定时期，一定业务范围内固定不变的成本，包括固定场所的租金、保险费、折旧费等。可变成本是指随着生产或销售量的变动而产生变化的成本，包括原材料费、水电费、燃料费、销售费用等。创业者预测成本时，可以先按类别划分，再进行测算，然后计算出总成本。

2. 现金流量管理计划

现金流量管理计划要突出特定时期的额外融资数量，表明营运资金的最高需求。创业者要详细说明预期现金流的进出金额和时间；预测必需的额外融资和时间，并指出营运资金需要的高峰期；指出如何通过股权融资或银行贷款等方式获得额外融资，以及获得的条件和偿还方法；讨论现金流对各种企业因素假设的敏感度。

3. 盈利情况预测

创业者要预测产品或服务的销售收入，成本费用及净利润；描述未来若干年的预计利润表，说明为补偿所有成本所需的销售和生产水平，包括变动成本(制造、劳动力、原材料、销售额)和固定成本(利息、工资、租金等)。这是创业企业实现盈利的现实检验。

4. 资产负债表

资产负债表提供企业拥有的资产和负债等方面的估价，反映某一时刻的企业状况。投资者可以用资产负债表中的数据得到的比率指标来衡量企业的经营状况及可能的投资回报率。同时资产负债表还可表明未来不同时期企业年度或半年度的财务状况。

思考题

1. 为什么执行摘要很重要？
2. 创业计划书的主要内容有哪些？

实践训练

　　各小组自行讨论创业计划书的主要内容，并拟定小组成员在创业项目中担任的角色，编写创业计划书中的相关内容（如担任财务主管的同学编写财务规划部分的内容）。

小组名称			
姓　　名		学　　号	
任务名称	撰写创业计划书		
任务描述	1. 以小组为单位开展活动，每小组成员 5～6 人，组长 1 名。 2. 各小组自行讨论并拟定小组成员在创业项目中担任的角色，然后针对创业项目讨论《创业计划书》的主要内容。 3. 根据确定的内容撰写创业计划书。		
任务分工			
过程记录			
反　　思			
增值评价			

学习笔记

姓　名：	学　号：
本节名称：	

第三节　创业计划书的编写

案例 导入

"趣弹音乐——尤克里里轻乐器在线教育服务平台"路演视频

在第四届中国"互联网＋"大学生创新创业大赛中，来自广西师范大学创新创业学院的"趣弹音乐—尤克里里轻乐器在线教育服务平台"项目荣获金奖，这也是广西高校唯一获主赛道金奖的项目。

趣弹音乐是一个社群式的尤克里里在线教育平台。项目的主旨是希望每一个喜欢音乐的人都能学会一门乐器。

趣弹音乐创始人说："大一的时候，刚好尤克里里这个乐器进入中国，我就带了一把在学校玩。后来，周边的很多同学都特别感兴趣，于是我就成立了自己的社团。因为它是个新型乐器，我觉得其市场空间很大，所以就决定把它当作我们的创业项目。"

趣弹音乐之所以能脱颖而出，与其精准的市场定位、清晰的商业逻辑、成熟的运营模式密不可分，当然也和现场体现出的青春活力、热情洋溢，以及现场弹奏时引发的共鸣有关。

问题探讨

你认为为了开展一次成功的路演应该准备哪些材料？

一、创业计划书的撰写原则

(一)撰写创业计划书的基本原则

1. 力求准确

创业者应向投资者全面阐述与企业有关的信息，无论优势还是劣势都要讲述到位，这样才能体现出与投资人合作的诚意。隐瞒实情，过分乐观甚至夸大其词，往往会适得其反。投资人往往会关注创业者现阶段碰到的难题，并以此为切入点来考察创业者与创业团队解决问题的能力，这也是考评创业者的重要指标。

2. 简明扼要

投资者常常每天要阅读几十份甚至上百份的创业计划书，他们不可能通读计划书的所有内容，因此，创业计划书要简明扼要，最好开门见山，直抒主题，让投资者觉得阅读每一句都是有意义的。许多创业者常犯的错误是把创业计划书写得像一部企业管理大全，面面俱到，却忽视了应有的侧重点。创业者应根据项目的发展阶段，结合所要获得投资的目的来突出"我有什么""我做了什么"及"我需要什么"，让投资者一目了然。

3. 条理清晰

无论新创企业是做高科技产业还是传统产业，投资者真正关心的问题都是一样的，即做的是什么产品，怎么赚钱，能赚多少钱，为什么，以及这其中的商业机会，所需要的资源，把握这一机会的进程，风险和预期回报。在编写创业计划书时，创业者能够清晰地阐明上述内容就可以了。

4. 强调可行性

创业者要明确自身的能力、身边的资源和自身能够创造出的差异价值，并真实地阐明产品与服务占领目标市场的可行性。创业计划书中描绘的前景可能很动人，但是真正能打动投资者的是要让他们确信这幅图景是能实现的。因此，创业者需要在创业计划书完成之前和之后反复进行市场调研，然后在调研数据的基础上，进行财务分析，说明企业将获得的收益。数据是计划书中最能说服投资者的内容之一。

(二) 撰写创业计划书的注意事项

1. 查漏补缺

如果创业计划不完善、不缜密，很容易使投资者认为创业者没有做好充分的思考和准备。创业者要反复阅读计划书来查漏补缺，并检查计划书中是否有"危险信号"（如表 7 - 3 所示）。

表 7 - 3　创业计划中的"危险信号"①

危险信号	解释
创始人没有出资	如果创始人没有出资，为什么要别人投资
引注不明	创业计划书应该基于现实证据和周密调研，而不是臆测和想当然。对所有一手资料和二手资料的研究，创业者都要注明引用来源
市场规模界定过宽	市场界定过宽表明，真正的目标市场还没找到。如：新创企业若将每年 3.6 万亿元的医药行业视为目标市场，那是毫无意义的。市场机会需要更精细地界定。显然，新创企业瞄准的是行业内的细分市场或某个特定市场
过于激进的财务数据	许多投资者会直接翻阅创业计划书中的财务部分。推理不足或过于乐观的计划会使其失去可信度。与此相反，基于合理研究与判断的冷静陈述，能很快得到投资者的信任
随处可见的疏忽	让投资者艰难阅读文稿、审看不平衡的资产负债表或面对随处可见的失误，绝对不是件好事。这些错误会使投资者认为创业者不注重细节，从而降低投资者对创业者的可信度。

① 巴林格，爱尔兰. 创业管理：成功创建新企业[M]. 张玉利，杨俊，薛红志，等译. 北京：机械工业出版社，2006：212.

2. 不断调整创业计划

创业计划书不是完成之后就一成不变，创业者要意识到计划通常会伴随书写、调研、谈论等情况而变化。尤其是在创业初期，一个好的创意总会有不足之处，与专家和创业团队的交谈会使创业者产生新的认识和想法，甚至会使产品结构、目标市场、商业模式发生改变。因此，不断调整创业计划是相当重要的。

二、创业计划书的撰写技巧

一份好的创业计划往往能够引起潜在投资者的关注。如果创业计划书语言流畅、充满激情和智慧，有严密的调查数据支撑，那么投资者很容易把这些优点和创业者本人的能力联系起来。

为了使创业计划书脱颖而出，并获得风险投资的青睐，创业者应认真做到以下几点。

1. 确保新企业创意的价值性，并拥有高素质的管理团队；

2. 认真负责、睿智地按适当的商务格式编排和书写计划书；

3. 创业计划书的执行摘要须简洁，论之有据。

总之，在将创业计划书递交给投资者或其他利益相关人员审阅前，创业者要使其简明扼要、条理清晰、内容完整、文字通俗、表述精确。[①]

(一)创业计划书应简洁清晰

阅读创业计划的人往往都惜字如金，他们可能会有意或无意地通过创业者对自己企业的描述作出判断。因此，创业者对新创企业的介绍务必简洁且结构清晰。一般创业计划书的篇幅(不包含附录)不超过 50 页 A4 纸为宜。

(二)排版装订尽量专业

目录、实施概要、附录、图表、正确的语法和各部分的合理编排及美观整洁是高质量创业计划书的表现之一。也就是说，装订和排版印刷不能粗糙。用订书钉装订的创业计划书看上去很不专业。切记不能出现语法、印刷及拼写错误。

(三)捕捉投资人兴趣点

要想在五分钟内激发投资人的兴趣，就要在扉页和实施概要上下功夫。

(四)让计划充满憧憬

创业者在撰写计划书时要善于使用鼓舞人心的词汇描述企业的发展趋势和前景，描绘未来的打算，说明产品所蕴含的巨大潜力和即将带来的财富。

(五)避免言过其实

不要夸大销售潜力、收入预测估算、增长潜力。好的创业计划以其客观性说服投资人。如果一份计划书被写得像一则煽情的广告，会大大降低其可信度。最好的、

---

① 库拉特克，霍杰茨. 创业学：理论、流程与实践[M]. 张宗益，译. 北京：清华大学出版社，2006：275-277.

最差的、最有可能的方案都要在计划中体现出来。实际上，许多风险投资者常使用一种"计划折扣系数"，认为"成功的新创企业通常只能达到他们计划财务目标的大约50％"。[1]

(六)突出关键风险因素

创业计划书中涉及的关键风险是投资者、银行家及其他投资者最关注的部分。在创业计划书中，创业者既要陈述创业者的危机管理能力，也要阐明风险，并说明这些风险是可以驾驭的。

(七)发送优秀创业者团队的信号

撰写创业计划书的管理部分时，创业者一定要让投资人接收到创业者团队具有较强管理能力和资源整合能力的信号。

(八)准确描述目标市场

撰写目标市场评估分析时，创业者应把目标市场的情况描述清楚。目标市场是企业利润的来源。准确描述目标市场是营销计划、财务计划表达清楚的关键。

(九)不断检查修正

好的创业计划书要经过不断的修改。在修改过程中，创业者应该认真广泛地征求意见，增强计划书的可读性和规范性。创业计划书常见缺陷及解决方法如表7-4所示。

表7-4 创业计划书常见缺陷及解决方法[2]

常见缺陷	表现	解决方法
无实际发展目标	缺乏可达到的目标 缺乏完成的时间表 缺乏优先权 缺乏具体行动步骤	建立在特殊时期完成特殊步骤的时间表
未预计到障碍	没有清醒识别将来的问题 没有重视计划中可能的瑕疵 没有应急或变通计划	列出可能遇到的障碍 变通计划，阐明克服障碍需要做哪些事情
无投入或贡献	对企业要办的事过分拖延，不严肃 没有投入个人资金的意愿 不及时聘任关键职位人员 从非主业或奇思异想中获利	快速行动 准备并愿意投入资金 保证所有关键职位人员任命

---

[1] 库拉特克，霍杰茨．创业学：理论、流程与实践[M]．张宗益，译．北京：清华大学出版社，2006：275-310.

[2] 库拉特克，霍杰茨．创业学：理论、流程与实践[M]．张宗益，译．北京：清华大学出版社，2006：270-271.

三、创业计划书的展示

对大多数创业者而言，寻求资金是一个艰苦的过程。寻求资金也需要讲究技巧。创业者向潜在的风险投资者或银行家口头展示创业计划时，一般要准备好幻灯片（PPT）。除了掌握一般演讲的通用技巧和原则外，创业者还应结合创业计划演讲的具体内容，学会制作幻灯片的一些技巧。

1. 企业介绍

用1张PPT，说明企业概况和目标市场。

2. 商机

用2～3张PPT，陈述尚未解决的问题和未满足的需要。

3. 解决方式

用1～2张PPT，解释企业将如何解决问题或填补需求。

4. 行业、目标市场和竞争者

用2～3张PPT，介绍企业即将进入的产业、目标市场及面对的直接和间接竞争者，重点陈述企业如何在目标市场中与现有企业展开竞争，获得丰厚的利润。

5. 创业者团队

用1～2张PPT，简要介绍每个成员的优势。

6. 企业盈利前景

用2～3张PPT，简要陈述财务状况，重点强调何时能实现盈利，需要多少资金。

7. 企业现状

用1张PPT，介绍企业现有的投资情况及所有权结构。

一般情况下，口头陈述只需使用10～15张PPT来展示创业计划书中的核心内容。若PPT页数过多，要在30分钟内陈述完这些内容，就会产生走马观花的效果。显然，这样的展示效果不是我们所希望看到的结果。[1]

案例

××公司创业计划书框架[2]

一、××公司创业计划书目录

1. 前言

---

[1] 巴林格，爱尔兰．创业管理：成功创建新企业[M]．张玉利，杨俊，薛红志，等译．北京：机械工业出版社，2006：212.

[2] 樊一阳，叶春明，吴满琳．大学生创业学导论[M]．上海：上海财经大学出版社，2005：334－337.

2. 创业投资项目公司基本资料

3. 公司组织

4. 股权结构

5. 业务内容

6. 技术与生产

7. 财务预测

8. 投资报酬率分析

9. 风险分析与投资管理

附表一：公司成立后拟设的组织系统图

附表二：未来5年产品销售收入预测表

附表三：主要产品及质检流程表

附表四：员工人数、职工工资一览表

附表五：未来12个月现金流量表

附表六：未来5年按年度的现金流量表

附表七：未来5年损益表

附表八：未来5年资产负债表

二、××公司创业计划书正文

1. 前言

1.1 创业公司简介

主要内容：公司经营项目、技术来源等，创业团队介绍及所占股权比例

1.2 资金需求与股金预计用途

主要内容：筹备期间费用、技术转让费用、土地及重要固定资产、设备、周转金

1.3 投资条件

主要内容：投资金额、股款缴纳时间，多少董事、监事席位，非现金出资股东如技术作价、专利作价、资产作价

1.4 投资者投资报酬率预测

主要内容：回收期间，未来各年投资报酬率，各年净值内部报酬率，以年利率计算的各年度净现值，投资者退出年度股价预测并算出退出时的内部报酬率等相关信息和数据。

1.5 其他值得介绍的项目

主要内容：重大采购或销售合约、损益平衡点，管销手段，产品与市场

1.6 风险所在

主要内容：如技术开发风险，产品开发风险，市场变化的风险，集中于创业团队的管理风险

2. 创业投资项目基本资料

2.1 创设新公司的缘起

2.2 创设新公司的营业内容

2.3 预计资本额

2.4 设立公司的各项手续及其日程表

2.5 联络人及地址

3. 公司组织

3.1 筹备组织

3.2 公司设立后的组织系统图

3.3 创始人资料

4. 股权结构(此部分草拟时资料较少,在引资过程中会渐渐充实)

4.1 技术、资产、专利等作价的安排

4.2 现金股股东的权利义务

4.3 董事会、监事会人员的安排

5. 业务内容

5.1 产业市场分析

5.1.1 国内市场现状及其增长率预测

5.1.2 世界市场现状及其增长率预测

5.1.3 特殊地区目标市场及其增长率预测

5.2 行业的竞争状况

5.2.1 国内竞争厂商概况

5.2.2 世界竞争厂商概况

5.2.3 特殊地区目标市场竞争厂商概况

5.3 营销策略介绍

主要内容:营销手段与定价策略,重要销售契约的签署

5.4 未来5年的产品销售收入预测表(包括各项假设)

5.5 为拓展业务的营业预算

主要内容:参加国内外展览费用,样品费用,媒体广告预算等

6. 技术与生产

6.1 关键技术说明与来源

主要内容:重大技术合作契约,如自行开发时研究开发经费预算

6.2 生产与制造

6.2.1 主要产品及产制流程

主要内容:进料质量管制流程表、生产流程及质检流程表

6.2.2 主要产品原料来源及其成本

6.2.3 工厂员工人数,学历(经验)要求,工资水准一览表

6.2.4 厂房设备

主要内容：预计工厂设置地区，土地与厂房面积，主要机器设备，工厂最大生产能力，以及上述购建经费预算一览表

7. 财务预算

7.1 未来 12 个月按月份预测的现金流量表（包括假设条件）

7.2 未来 5 年按年度预测的现金流量表（包括假设条件）

7.3 资金需求汇总

7.4 未来 5 年预测损益表（包括假设条件）

7.5 未来 5 年预测资产负债表（包括假设条件）

7.6 敏感性分析

8. 投资报酬率分析

8.1 依据 7.4 计算投资回收期间

8.2 依据 7.4 计算各年度预测投资报酬率及净值报酬率

8.3 依据 7.4 以年利率计算未来 5 年净现值（按各年度分别累计，两行并列）

9. 风险分析与投资管理

9.1 技术开发风险，对于 6.1 关键技术开发风险的分析

9.2 产品开发风险．对于 6.2 生产与制造开发风险的分析

9.3 市场风险，对于 5.4 有关销售收入各项假设条件的分析

9.4 投资管理，拟请投资者参与的程度

四、创业计划书的评价

创业计划书最重要的一个作用是融资。鉴于这个作用，创业者在撰写创业计划书时，要考虑到投资机构是如何评价创业计划书的。只有投资人对项目感兴趣才会投资，创业者才能实现创业计划。一份高质量的创业计划书是宣传推广新创企业和新项目的资料，是与各方沟通的名片，能更好地向风险投资公司介绍新创企业及其发展规划，使得投资者更快、更有效率地了解投资项目，对新创企业充满信心，并进行投资。因此，创业者应该了解风投关注新创企业的哪些问题。比如：风险投资机构实现资本增值的方式，一般都是通过投资扶持新创企业发展若干年后，再通过企业的 IPO 上市等方式退出投资，最终获得几倍甚至于几十倍的增值，从而实现盈利。与此同时，新创企业也要经历一段时间的沉淀和发展，实现企业价值的快速增长。

风险投资机构对创业计划书的关注点基本集中在以下五个方面。

1. 创业项目符合国家产业政策方向，在技术方面具有核心竞争力，并且拥有完整的自主知识产权，具备可持续开发的特点。

2. 创业项目有足够大的市场空间和进入壁垒。对于市场容量有限的项目，投资者不会感兴趣，因为其运作空间太窄，蛋糕做不大，而且市场竞争也会非常激烈。但如果存在项目的进入壁垒，那么就可以形成相对好的发展环境。

3. 有清晰的商业模式和盈利模式。

4. 股权结构不能太简单也不能太复杂。上市公司股东的数量是有限制和规定的。股权结构过于简单或者复杂的企业很难通过 IPO 申请。股权结构是风险投资机构重点关注的，也是纠纷容易爆发的地方。

5. 创业团队的组成。创业团队完整，能在技术、管理、营销方面达到优势互补，同时具有稳定性和良好的创业心态。核心创业者具备优秀的素质和才能。

思考题

1. 如何展示创业计划书？

2. 如何判断一份创业计划书的优劣？

实践训练

各小组根据编写的《创业计划书》，进行创业模拟路演活动。在上一个课堂活动中，各小组已经编写了详细的《创业计划书》，各小组根据自己的《创业计划书》进行模拟路演，每组路演时间为 5 分钟，问答时间为 2 分钟。各小组抽签决定上场顺序，前一轮路演的小组是下一组的投资人，第一组则由最后一组作投资人。投资人负责提问并打分。最后看看哪一组得分最高。

表 7-3　创业模拟路演

小组名称			
姓　　名		学　号	
任务名称	创业模拟路演		
任务描述	1. 以小组为单位开展活动，小组成员 5~6 人，组长 1 名。 2. 各小组根据自己的《创业计划书》进行模拟路演，每组路演时间为 5 分钟，问答时间为 2 分钟。 3. 各小组抽签决定上场顺序，前一轮路演的小组作为下一组的投资人，第一组则由最后一组作投资人，投资人负责提问并打分。最后，看看哪一组得分最高。		
任务分工			
过程记录			
反　　思			
增值评价			

学习笔记

姓 名：	学 号：
本节名称：	

第八章

新企业开办与管理

学习目标

❖ 了解新企业注册的程序与步骤，以及创办新企业后可能遇到的风险类型及应对策略。

❖ 认识新企业获得社会认同的必要性和基本方式。

❖ 熟悉新企业管理的重点与行为策略。

❖ 掌握企业法律形式的选择对新企业的重要性及新企业管理的独特性。

案例导入

案例导入：乐山职业技术学院创业典型：小马

小马是乐山职业技术学院机电工程系普专智能交通17-2班的学生，也是四川优社网络信息有限公司的负责人。

青春成长

小马和中国绝大多数人一样生于普通的农村家庭。那些年村里涌现出了一大批高材生，村里年岁较小的小马是个例外，在村民的眼里就是一个另类。家人希望他可以出人头地，可是小马显得格外不争气。虽然经过不懈的努力，他后来考取了大专，但是家人眼中还是充满了失望。

人的成长其实是需要经历的，当人经历过了辛酸苦辣自然就成长了。高二那年，小马因为厌学而辍学，尽管家人一直阻止，小马还是去了福建。小马在心底暗自发誓一定要混出个模样，否则绝不回家。但孩子终归是孩子，出去闯荡后，他才发现外面的世界只有心酸，精彩是属于成功者的。于是小马不再自大，不再狂妄。经过磨砺，他对成功的理念也发生了改变。

迷途知返

在外漂泊了半年以后，小马选择了回家，重新返校。这次返校的目的是考上大学、他想去大学看看，去寻找一个成功的方向，去接触更多人，融合不同的思想，这样不仅可以观察社会的发展方向，还可以学到更多的知识。经过一年的不懈努力，小马考上了自己理想的专业。

萌发理想

创业最好的灵感其实来源于生活，一些生活中看似微不足道的问题，可能都会是非常好的创业项目。每年暑假，小马都会去打工，也会使用招聘网站。他发现虽然招聘网站的信息量非常大，但是它存在非常大的弊端，如中介费高昂，实际工作与网站显示的不对等，近些年僵尸信息也多如牛毛等。创业最好的灵感来源于生活，所以小马认为解决这些问题就是一个很好的创业项目。

青春追梦

2018年10月经过一年的构思与市场调查，在相对成熟的情况下，小马开始组建团队。和大多数创业者一样，他跟大家讲项目理念，讲项目的发展空间，希望能吸引更多的有创业想法的青年加入。2018年12月公司成立；2019年1月第一款软件审核通过；2019年2月20日，公司与第一家企业达成合作关系；4月，公司开发的包含招聘、同城商城、酒店预订的软件全部审核通过，合作企业达到40家，商城商品种类达到700种以上，跟进投资者5人，同城基础生活服务框架基本形成，团队成员达到17人，其中包括负责法律、工商、软件技术、市场营销、企业管理、自媒体等专业人才，其中研究生以上学历2人、本科学历5人。这都是大家付出艰辛与努力才达到的结果。在准备创业的时候，就有朋友提出很多的困难与问题，有人劝小马放弃，甚至有团队成员退出，但是小马认为做任何事情都会遇到困难，一个项目的某些方面也必定有不合理的地方，因此就必须有克服困难的勇气和决心。

创业最难的就是坚持，创业是一件辛苦而又快乐的事情。目前小马创建的公司已经成功注册，公司名称为四川优社网络信息有限公司。在团队的努力下，公司正在稳步发展。未来，公司肯定还会遇到很多困难和挑战，但是小马坚信——"我们已经准备好了"。

✍ 问题探讨

1. 小马是怎么一步步取得现在的成果的？
2. 你认为新办一家企业需要准备些什么？

▶ 第一节　新企业开办

开办并成功运营一家企业，需要遵循相关法律法规的规定，坚守社会道德，履行社会责任。因此，创业初期，创业者需要有强烈的法律意识，熟悉相关的法律法规，了解应该履行的社会责任，做一个遵纪守法的公民。

一、企业组织形式选择

企业组织形式是指企业财产及其社会化大生产的组织状态，它表明一个企业的财产构成、内部分工协作与外部社会经济联系的方式。根据市场经济的要求，现代企业的组织形式按照财产的组织形式和所承担的法律责任通常可分为：个人独资企业、合伙企业和公司制企业。

(一)个人独资企业

个人独资企业是指依照《个人独资企业法》的规定，在中国境内设立，由一个自然人投资，财产为投资人个人所有，投资人以其个人财产对企业债务承担无限责任的经营实体。个人独资企业从事经营活动必须遵守法律、行政法规，遵守诚实信用原则，不得损害社会公共利益。

1. 个人独资企业的设立条件

设立个人独资企业应当具备下列条件：投资人为一个自然人；有合法的企业名称；有投资人申报的出资；有固定的生产经营场所和必要的生产经营条件；有必要的从业人员。

2. 个人独资企业的法律责任

个人独资在企业清算时财产不足以清偿债务的，投资人应当以其个人的其他财产予以清偿。个人独资企业投资人在企业设立登记时，明确以其家庭共有财产作为个人出资的，应当依法以家庭共有财产对企业债务承担无限责任。

(二)合伙企业

合伙企业是指自然人、法人和其他组织依照《合伙企业法》的规定，在中国境内设立的普通合伙企业和有限合伙企业。合伙企业及其合伙人必须遵守法律、行政法规，遵守社会公德、商业道德，承担社会责任。

1. 合伙企业的种类

(1)普通合伙企业

普通合伙企业是由普通合伙人组成的合伙企业。

(2)特殊的普通合伙企业

以专业知识和专门技能为客户提供有偿服务的专业服务机构，可以设立特殊的普通合伙企业。

(3)有限合伙企业

有限合伙企业是由普通合伙人和有限合伙人组成的合伙企业。国有独资公司、国有企业、上市公司及公益性的事业单位、社会团体不得成为普通合伙人。

2. 合伙企业的设立条件

设立合伙企业应当具备下列条件：有两个以上合伙人；合伙人为自然人的，应当具有完全民事行为能力；有书面合伙协议；有合伙人认缴或者实际缴付的出资；有合伙企业的名称和生产经营场所；法律、行政法规规定的其他条件。有限合伙企业由二个以上五十个以下合伙人设立，法律另有规定的除外。有限合伙企业至少应当有一个普通合伙人。

合伙人可以用货币、实物、知识产权、土地使用权或者其他财产权利出资，也可以用劳务出资。合伙人以实物、知识产权、土地使用权或者其他财产权利出资，需要评估作价的，可以由全体合伙人协商确定，也可以由全体合伙人委托法定评估机构评估。合伙人以劳务出资的，评估办法由全体合伙人协商确定，并在合伙协议中载明。合伙人应当按照合伙协议约定的出资方式、数额和缴付期限，履行出资义务。以非货币财产出资的，依照法律、行政法规的规定，需要办理财产权转移手续的，应当依法办理。

3.合伙企业的法律责任

普通合伙企业的合伙人对合伙企业债务承担无限连带责任。

特殊的普通合伙企业的一个合伙人或者数个合伙人在执业活动中因故意或者重大过失造成合伙企业债务的，应当承担无限责任或者无限连带责任，其他合伙人以其在合伙企业中的财产份额为限承担责任。合伙人在执业活动中，非因故意或者重大过失造成的合伙企业债务及合伙企业的其他债务，由全体合伙人承担无限连带责任。

有限合伙企业的普通合伙人对合伙企业债务承担无限连带责任，有限合伙人以其认缴的出资额为限对合伙企业债务承担责任。

(三)公司制企业

公司制企业是指依照《公司法》的规定，在中国境内设立的有限责任公司和股份有限公司。公司是企业法人，有独立的法人财产，享有法人财产权。公司从事经营活动必须遵守法律、行政法规，遵守社会公德、商业道德，诚实守信，接受政府和社会公众的监督，承担社会责任。公司的合法权益受法律保护，不受侵犯。

1.公司制企业的种类

(1)有限责任公司

有限责任公司是指由一定人数的股东组成的，股东以其认缴的出资额为限对公司承担责任，公司只以其全部资产对公司债务承担责任的公司。

(2)一人有限责任公司

一人有限责任公司是指只有一个自然人股东或者一个法人股东的有限责任公司。一个自然人只能投资设立一个一人有限责任公司。该一人有限责任公司不能投资设立新的一人有限责任公司。

(3)股份有限公司

股份有限公司是指由一定人数以上的股东组成，公司全部资本分为等额股份，股东以其所认购股份为限对公司承担责任，公司以其全部资产对公司债务承担责任的公司。

2. 公司制企业的设立条件

有限责任公司和股份有限公司在设立时应分别具备以下条件。

(1)设立有限责任公司应当具备的条件

股东符合法定人数。根据我国《公司法》第 24 条规定,有限责任公司由五十个以下股东出资设立。

有符合公司章程规定的全体股东认缴的出资额。有限责任公司的注册资本为在公司登记机关登记的全体股东认缴的出资额。法律、行政法规以及国务院决定对有限责任公司注册资本实缴、注册资本最低限额另有规定的,从其规定。股东可以用货币出资,也可以用实物、知识产权、土地使用权等可以用货币估价并可以依法转让的非货币财产作价出资。但是,法律、行政法规规定不得作为出资的财产除外。对作为出资的非货币财产应当评估作价,核实财产,不得高估或者低估作价。法律、行政法规对评估作价有规定的,从其规定。

股东共同制定公司章程。有限责任公司章程应当载明下列事项。公司名称和住所;公司经营范围;公司注册资本;股东的姓名或者名称;股东的出资方式、出资额和出资时间;公司的机构及其产生办法、职权、议事规则;公司法定代表人;股东会会议认为需要规定的其他事项。股东应当在公司章程上签名、盖章。

有公司名称,建立符合有限责任公司要求的组织机构。

有公司住所。

一人有限责任公司应当在公司登记中注明自然人独资或者法人独资,并在公司营业执照中载明。

(2)设立股份有限公司应当具备的条件

发起人符合法定人数。设立股份有限公司,应当有二人以上二百人以下为发起人,其中须有半数以上的发起人在中国境内有住所。发起人承担公司筹办事务,应当签订发起人协议,明确各自在公司设立过程中的权利和义务。

有符合公司章程规定的全体发起人认购的股本总额或者募集的实收股本总额。股份有限公司采取发起设立方式设立的,注册资本为在公司登记机关登记的全体发起人认购的股本总额。在发起人认购的股份缴足前,不得向他人募集股份。股份有限公司采取募集方式设立的,注册资本为在公司登记机关登记的实收股本总额。法律、行政法规及国务院决定对股份有限公司注册资本实缴、注册资本最低限额另有规定的,从其规定。

股份发行、筹办事项符合法律规定。

发起人制订公司章程,采用募集方式设立的须经创立大会通过。公司章程应当载明下列事项:公司名称和住所;公司经营范围;公司设立方式;公司股份总数、每股金额和注册资本;发起人的姓名或者名称、认购的股份数、出资方式和出资时间;董事会的组成、职权和议事规则;公司法定代表人;监事会的组成、职权和议事规则;公司利润分配办法;公司的解散事由与清算办法;公司的通知和公告办法;

股东大会会议认为需要规定的其他事项。

有公司名称，建立符合股份有限公司要求的组织机构。

有公司住所。

3. 公司制企业的法律责任

公司以其全部财产对自己的债务承担责任。

有限责任公司的股东以其认缴的出资额为限对公司承担责任。一人有限责任公司的股东不能证明公司财产独立于股东自己的财产的，应当对公司债务承担连带责任。

股份有限公司的股东以其认购的股份为限对公司承担责任。

(四)不同企业组织形式的比较

个人独资企业、合伙企业和公司制企业各有优缺点，创业者应事先予以了解，以便根据实际情况选择最合适的组织形式。

不同企业组织形式的典型特征如表8-1所示。

表 8-1　不同企业组织形式的典型特征

项目	公司	合伙企业	个人独资企业
法律基础	公司章程	合伙协议	无章程或协议
责任形式	有限责任	无限连带责任	无限责任
投资者	无特别要求，法人、自然人皆可	完全民事行为能力的自然人，法律、行政法规规定禁止从事营利性活动人除外	完全民事行为能力的自然人，法律、行政法规禁止从事营利性活动的人除外
注册资本	认缴制	协议约定	投资者申报
出资	货币、实物、工业产权、非专利技术、土地使用权	货币、实物、土地使用权、知识产权或者其他财产权利、劳务	投资者申报
所得税义务	企业所得税/个人所得税	个人所得税	个人所得税
出资评估	必须委托评估机构	可协商确定或评估	投资者决定
解散后义务	无	5年内承担责任	5年内承担责任

由表8-1可以看出，个人独资企业的投资者需要就企业债务承担无限责任；合伙企业的普通合伙人需要就企业债务承担无限连带责任；公司制企业的投资者则只需要承担有限责任。个人独资企业和合伙企业的投资者只需按照《个人所得税法》的规定就其在生产经营中的所得缴纳个人所得税；公司制企业的投资者除了要按照《企业所得税法》的规定就公司的生产经营所得缴纳企业所得税外，还需要就其分得的利润缴纳个人所得税。

✒ 案例

做一名现代老板

杨先生是温州科技职业学院 2008 级食品检测专业的毕业生，温州市金标润园艺有限公司董事长。

来自宁波的杨先生，是家中的独子，父母已早早地帮他找了份体面的工作。然而，杨先生并未如他父母所愿，而是选择了留在温州创业。2016 年 4 月，他将经营了两年的绿庭农林盆景店，升级成了温州市金标润园艺有限公司，并成功入驻大学科技园孵化器。

在学院推出第二批专业导师带队的创业项目时，杨先生成了绿庭农林盆景店的负责人，主要培植无土种植的水果蔬菜和花卉。"刚创业时，大家兴致都很高，省吃俭用，再加上家里资助一点，每人凑齐了 3000 元用来引种，买材料。大家白天上课，晚上就窝在创业园，研究无土栽培的品种，还真把书上的知识，变成了手中的产品。"杨先生说，"记得当时为了把产品推销出去，四个合伙人拿着盆栽土豆和盆栽白菜在新桥镇上摆起了地摊。这些既能观赏，又能食用的盆栽蔬菜引来很多人驻足观看。但一听到一颗白菜需要 80 元时，他们扭头就走了。"

经过第一次市场推销，大家一分钱没赚到，杨先生团队里的两名成员灰心了，退出了团队。杨先生并未就此停下创业的脚步，他将目光转向了水培花卉植物。

"有技术，就有好产品，有好产品，就有市场。"杨先生一头埋进了图书馆和试验场。龟背竹、发财树、芦荟、仙人球、君子兰，甚至是红豆杉，一个个原先土培的花卉植物被驯化成了水培。

"水培植物因更具观赏性，颇受白领阶层喜爱，因此市场的需求空间还是很大的。但目前市场上有很多假水培。售卖者直接将土培植物挖出放到水里导致植物的成活率很低，经我们驯化成功的水培植物，在质量上绝对有保证。"杨先生说，"我们还针对发财树不好过冬的习性，推出了特别服务。买过发财树的客户只要留下信息，等到天气转凉时，我们就会送上耐寒的水培植物作替换，将发财树接回恒温的大棚培育，待到春天时，再将发财树物归原主。"如此细心的服务，让绿庭迅速建立口碑，迎来了不少回头客。2015 年，偏居科职院创业园一隅的绿庭盆景店就取得了 18 万的营业额。

"现在我还只能算是踏上了创业的半步，今后能不能成功，还是个未知数。但我很明白，我想要朝着创业这个方向去努力！"杨先生说。

✒ 思考题

1. 杨先生在刚开始创业时采用了什么企业组织形式？
2. 杨先生为何后来将企业组织形式改为了有限责任公司？

二、大学生创业的市场主体类型

大学生自主创业可以采用的市场主体类型有：个体工商户、个人独资企业、合伙企业、农民专业合作社和有限责任公司等。创办不同类型的市场主体，需要准备的材料也不同。

(一)个体工商户

有经营能力的公民，依照《个体工商户条例》规定，经工商行政管理部门登记，从事工商业经营的，为个体工商户。个体工商户可以个人经营，也可以家庭经营。个体工商户的合法权益受法律保护，任何单位和个人不得侵害。

申请登记为个体工商户，应当向经营场所所在地登记机关申请注册登记。申请人应当提交登记申请书、身份证明和经营场所证明。个体工商户登记事项包括经营者姓名和住所、组成形式、经营范围、经营场所。个体工商户使用名称的，名称作为登记事项。

申请成为个体工商户，创业者需要按照《个体工商户条例(2014年修订)》的规定准备相应材料，由申请人或者委托的代理人直接到经营场所所在地登记机关或其下属工商所提出登记申请，经由登记机构审核通过之后申领营业执照。

(二)个人独资企业

个人独资企业的登记事项应当包括：企业名称、企业住所、投资人姓名和居所、出资额和出资方式、经营范围。个人独资企业的名称应当符合名称登记管理有关规定，并与其责任形式及从事的营业相符合。

申请成为个人独资企业，需要按照《个人独资企业登记管理办法(2014年修订)》的规定准备相应申报材料，由投资人或者其委托的代理人向个人独资企业所在地登记机关申请设立登记，在经过登记机构审批核准后取得营业执照。

(三)合伙企业

合伙企业的登记事项应当包括：名称；主要经营场所；执行事务合伙人；经营范围；合伙企业类型；合伙人姓名或者名称及住所；承担责任方式；认缴或者实际缴付的出资数额；缴付期限；出资方式和评估方式。合伙协议约定合伙期限的，登记事项还应当包括合伙期限。执行事务合伙人是法人或者其他组织的，登记事项还应当包括法人或者其他组织委派的代表(以下简称委派代表)。

申请成为合伙企业，应该根据《中华人民共和国合伙企业登记管理办法(2014年修订)》的规定，由全体合伙人指定的代表或者共同委托的代理人向企业登记机关申请设立登记，并经由企业登记机关核准后取得营业执照。

(四)农民专业合作社

农民专业合作社是在农村家庭承包经营基础上，同类农产品的生产经营者或者同类农业生产经营服务的提供者、利用者，自愿联合、民主管理的互助性经济组织。

农民专业合作社依照《农民专业合作社法》登记，取得法人资格。农民专业合作社成员以其账户内记载的出资额和公积金份额为限对农民专业合作社承担责任。

工商行政管理部门是农民专业合作社登记机关。国务院工商行政管理部门负责全国的农民专业合作社登记管理工作。农民专业合作社由所在地的县（市）、区工商行政管理部门登记。国务院工商行政管理部门可以对规模较大或者跨地区的农民专业合作社的登记管辖作出特别规定。

农民专业合作社成员可以用货币出资，也可以用实物、知识产权等能够用货币估价并可以依法转让的非货币财产作价出资。成员以非货币财产出资的，由全体成员评估作价。成员不得以劳务、信用、自然人姓名、商誉、特许经营权或者设定担保的财产等作价出资。

设立农民专业合作社，应当具备下列条件：有五名以上符合《农民专业合作社法》（以下简称"本法"）第十四条、第十五条规定的成员；有符合本法规定的章程；有符合本法规定的组织机构；有符合法律、行政法规规定的名称和章程确定的住所；有符合章程规定的成员出资。

农民专业合作社的登记事项应当包括：名称；住所；成员出资总额；业务范围；法定代表人姓名。

申请成为农民专业合作社，需要按照《农民专业合作社法》的相应规定准备材料，由全体设立人指定的代表或者委托的代理人向登记机关申请设立登记，经登记机构登记之后取得营业执照。

拓展 阅读

《农民专业合作社法》有关条款

第十四条 具有民事行为能力的公民，以及从事与农民专业合作社业务直接有关的生产经营活动的企业、事业单位或者社会团体，能够利用农民专业合作社提供的服务，承认并遵守农民专业合作社章程，履行章程规定的入社手续的，可以成为农民专业合作社的成员。但是，具有管理公共事务职能的单位不得加入农民专业合作社。农民专业合作社应当置备成员名册，并报登记机关。

第十五条 农民专业合作社的成员中，农民至少应当占成员总数的百分之八十。

成员总数二十人以下的，可以有一个企业、事业单位或者社会团体成员；成员总数超过二十人的，企业、事业单位和社会团体成员不得超过成员总数的百分之五。

（五）有限责任公司

申请成为有限责任公司，需要按照《中华人民共和国公司登记管理条例（2014 年修订）》和《中华人民共和国企业法人登记管理条例施行细则（2014 年修订）》的规定准备相应材料，对于法律、行政法规或者国务院决定规定设立有限责任公司必须报经批准的，还应当提交批准文件；然后由全体股东指定的代表或者共同委托的代理人向公司登记机关申请设立登记；最后由登记机关视情况做出是否受理的决定，对决定予以受理的登记申请，在规定的期限内做出是否准予登记的决定，对予以登记的申请在规定的时间内发放营业执照。

📝 小测试

大学生创业可以采取哪些企业组织形式？各需要提交什么材料？

三、新企业注册流程

根据法律规定，企业开办之初需要经过工商行政管理部门核准登记，获得正式颁发的营业执照及有关部门的经营许可，取得合法身份。为此，创业者就需要进行名称核准、进行前置审批、编写注册文件、刻章并且开立银行账户。

(一)企业登记注册流程

企业注册流程如图 8-1 所示。

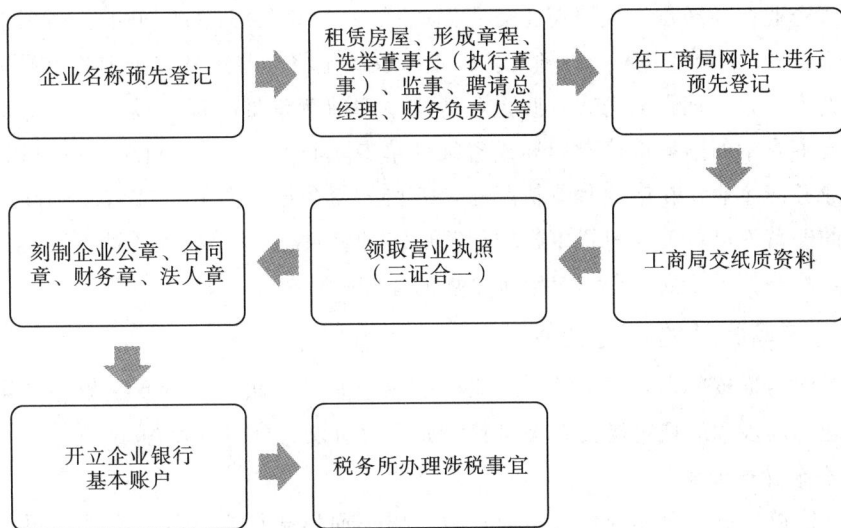

图 8-1 企业注册流程图

从 2015 年 10 月 1 日起，全国范围内开始全面实行"三证合一"的登记制度。"三证合一"的登记制度是指将企业登记时依次申请的，分别由工商部门核发的营业执照、质监部门核发的组织机构代码证、税务部门核发的税务登记证，改为一次申请，由工商部门核发一个加载统一社会信用代码的营业执照，即"一照一码"营业执照。这一制度大大简化了新企业的注册流程。2016 年 5 月 18 日，国务院常务会议决定全面实施"五证合一、一照一码"的制度，将社会保险和统计登记证整合在内，进一步降低了创业准入的制度性成本。

值得一提的是，2013 年修订的公司法取消了原来的一般性验资要求，但仍然规定以募集方式设立的股份有限公司的注册资本应当经过验资机构验资。

下面就注册登记流程中需要注意的事项进行说明。

（一）新企业名称的规定

企业名称由行政区划、字号、行业、组织形式依次组成，如北京安平融信会计服务有限责任公司。

个人独资企业的名称应当符合名称登记管理有关规定，并与其责任形式及从事的营业相符合。个人独资企业的名称中不得使用"有限""有限责任"或者"公司"字样。

合伙企业名称中的组织形式后应当标明"普通合伙""特殊普通合伙"或者"有限合伙"字样，并符合国家有关企业名称登记管理的规定。

有限责任公司必须在公司名称中标明有限责任公司或者有限公司字样。股份有限公司必须在公司名称中标明股份有限公司或者股份公司字样。

农民专业合作社的名称应当含有专业合作社字样，并符合国家有关企业名称登记管理的规定。

（二）前置审批事项

有些企业在办理营业执照前还需要先取得特定部门办理的许可证，办理前置审批事宜。虽然 2014 年以来，国务院分三批审议决定将一些工商登记前置审批事项调整或明确为后置审批，但仍有一些企业需要办理前置审批事项。设立烟草专卖批发企业需要事先到国家烟草专卖局或省级烟草专卖行政主管部门核发的许可证；经营快递业务的企业，在申领营业执照前，需要先得到国家邮政局或省级邮政管理机构颁发的经营许可。关于前置审批的相关规定可参照《工商总局关于严格落实先照后证改革，严格执行工商登记前置审批事项的通知》。

（三）编写相关的注册文件

在企业名称核准之后，申请人还应当按照企业登记法律、行政法规和国家工商行政管理总局规章的规定提交有关材料，如合伙协议、公司章程等。

1. 合伙协议的编写

合伙协议依法由全体合伙人协商一致、以书面形式订立。订立合伙协议、设立合伙企业，应当遵循自愿、平等、公平、诚实信用原则。

合伙协议应当载明下列事项：合伙企业的名称和主要经营场所的地点；合伙目的和合伙经营范围；合伙人的姓名或者名称、住所；合伙人的出资方式、数额和缴付期限；利润分配、亏损分担方式；合伙事务的执行；入伙与退伙；争议解决办法；合伙企业的解散与清算；违约责任。

合伙协议经全体合伙人签名、盖章后生效。合伙人按照合伙协议享有权利，履行义务。修改或者补充合伙协议，应当经全体合伙人一致同意；但是，合伙协议另有约定的除外。合伙协议未约定或者约定不明确的事项，由合伙人协商决定；协商不成的，依照本法和其他有关法律、行政法规的规定处理。

有限合伙企业的合伙协议，除以上内容外，还应当载明下列事项：普通合伙人和有限合伙人的姓名或者名称、住所；执行事务合伙人应具备的条件和选择程序；执行事务合伙人权限与违约处理办法；执行事务合伙人的除名条件和更换程序；有限合伙人入伙、退伙的条件、程序及相关责任；有限合伙人和普通合伙人的相互转变程序。有限合伙人可以用货币、实物、知识产权、土地使用权或者其他财产权利作价出资。有限合伙人不得以劳务出资。

2. 公司章程的编写

有限责任公司章程应当载明下列事项：公司名称和住所；公司经营范围；公司注册资本；股东的姓名或者名称；股东的出资方式、出资额和出资时间；公司的机构及其产生办法、职权、议事规则；公司法定代表人；股东会会议认为需要规定的其他事项。股东应当在公司章程上签名、盖章。

一人有限责任公司应当在公司登记中注明自然人独资或者法人独资，并在公司营业执照中载明。一人有限责任公司章程由股东制定。

（四）确定企业住所

新企业要开展生产经营活动，必须拥有固定的经营场所。这个活动场所在法律上称为住所或经营场所。公司的住所是公司主要办事机构所在地。经公司登记机关登记的公司的住所只能有一个。公司的住所应当在其公司登记机关辖区内。经营场所是市场主体从事经营活动的场所，是执照登记的备案事项。在通常的情况下，企业的住所和经营场所是同一地址。

按照《国务院关于印发注册资本登记制度改革方案的通知》，简化住所（经营场所）登记手续。申请人提交场所合法使用证明即可予以登记。2015年4月21日，国务院总理李克强主持召开国务院常务会议，部署进一步促进就业、鼓励创业，决定放宽新注册企业场所登记条件限制，推动"一址多照"、集群注册等改革，鼓励地方盘活闲置厂房等提供低成本的创业场所。

（五）刻章

新企业领取营业执照后，创业者需到所在地公安局特行科办理新企业印章，并向特行科提供相关文件，包括营业执照、法定代表人身份证明等。公安局审批后到指定的印章刻制单位刻制新企业印章。公司用章包括：公章、财务章、法人章、全体股东章、公司名称章等。

需要说明的是，企业的印章、企业牌匾、企业银行账户、企业信笺所使用的名称应与新企业在工商行政管理机关登记注册的名称一致。

（六）开立账户

新创办企业需设立基本账户，企业可根据自己的具体情况选择开户银行。银行开户应提供的材料包括：营业执照正本、组织机构代码证正本、公司公章/法人章/财务专用章、法人身份证、国地税务登记证正本等。

拓展阅读·

企业信用信息公示系统

第八条 企业应当于每年1月1日至6月30日，通过企业信用信息公示系统向工商行政管理部门报送上一年度年度报告，并向社会公示。当年设立登记的企业，自下一年起报送并公示年度报告。

第九条 企业年度报告内容包括：企业通信地址、邮政编码、联系电话、电子邮箱等信息；企业开业、歇业、清算等存续状态信息；企业投资设立企业、购买股权信息；企业为有限责任公司或者股份有限公司的，其股东或者发起人认缴和实缴的出资额、出资时间、出资方式等信息；有限责任公司股东股权转让等股权变更信息；企业网站及从事网络经营的网店的名称、网址等信息；企业从业人数、资产总额、负债总额、对外提供保证担保、所有者权益合计、营业总收入、主营业务收入、利润总额、净利润、纳税总额信息。前款第一项至第六项规定的信息应当向社会公示，第七项规定的信息由企业选择是否向社会公示。经企业同意，公民、法人或者其他组织可以查询企业不公示的信息。

第十条 企业应当自下列信息形成之日起20个工作日内通过企业信用信息公示系统向社会公示：有限责任公司股东或者股份有限公司发起人认缴和实缴的出资额、出资时间、出资方式等信息；有限责任公司股东股权转让等股权变更信息；行政许可取得、变更、延续信息；知识产权出质登记信息；受到行政处罚的信息；其他依法应当公示的信息。

工商行政管理部门发现企业未依照前款规定履行公示义务的，应当责令其限期履行。

四、注册企业必须考虑的法律与伦理问题

注册企业必须了解和遵守国家有关的法律法规。与创办企业有关的法律主要包括知识产权法、劳动合同法、合同法、税法等。同时，注册企业还应注意伦理问题，包括创业者与原雇主之间、创业团队成员之间、创业者和其他利益相关者之间的伦理问题等。

(一)注册企业时，创业者必须考虑的法律问题

创业企业无论在注册成立阶段还是在后续的经营过程中，均需要遵循相关的法律法规，守法经营。

1. 创办阶段，创业者需要考虑的法律问题

创办阶段，创业者需要考虑的法律问题包括企业法律形式的选择，会计和税收事务，知识产权保护，合同相关法律等。

注册时，创业者需要考虑的法律形式已经在本节的前两个问题中进行了详细的阐述，此处不再赘述。

企业注册完成之后，创业者要按照法律规定办理相应的会计和税收事务。因此，

创业者需要了解《会计法》《企业会计准则》《小企业会计准则》等法律法规，自行建立会计制度，进行会计核算，也可以委托记账公司等专业机构办理会计事务。创业企业还需要建立健全税收记录，依法纳税；也可以委托外部专门的记账公司或会计公司代理纳税业务。

创业企业还应按照《中华人民共和国商标法》《中华人民共和国专利法》《中华人民共和国著作权法》规定，保护好企业的知识产权，尊重他人的知识产权。

企业创办阶段，如果涉及融资租赁业务或者借款业务的，创业者还需要遵循《合同法》等的规定，保护企业的合法权益。

2.经营阶段，创业者需要考虑的法律问题

企业在经营过程中会遇到非常多的法律问题，一般来说有产品质量、财务会计、人力资源管理、安全生产和市场竞争等多个方面。

创业和经营阶段，企业会遇到的法律问题和企业不同部门会遇到的典型法律问题见表8-2和表8-3所示。[①]

表8-2　创业企业在不同阶段遇到的法律问题

创建阶段的法律问题	经营现行业务中的法律问题
确定企业的法律形式 设立税收记录 进行租赁和融资谈判 起草合同 申请专利、商标和版权保护	人力资源管理（劳动）法规 安全法规 质量法规 财务和会计法规 市场竞争法规 知识产权法

表8-3　企业各部门中典型的知识产权

部门	典型的知识产权形式	保护方法
营销部门	名称、标语、标识、广告语、广告、手册、非正式出版物、未完成的广告拷贝、顾客名单、潜在顾客名单及类似信息	商标、版权和商业秘密
管理部门	招聘手册、员工手册、招聘人员在选择和聘用候选人时使用的表格和清单、书面的培训材料和企业的时事通讯	版权和商业秘密
财务部门	各类描述企业财务绩效的合同、幻灯片，解释企业如何管理财务的书面材料，员工薪酬记录	版权和商业秘密
管理信息系统	网站设计、互联网域名、公司特有的计算机设备和软件的培训手册、计算机源代码、电子邮件名单	版权、商业秘密和注册互联网域名
研究开发部门	新的和有用的发明和商业流程、现有发明和流程的改进、记录发明日期和不同项目进展计划的实验室备忘录	专利和商业秘密

① 李家华.创业基础第2版[M].北京：清华大学出版社，2015：219.

(二)创办企业时，创业者必须考虑的伦理问题

企业创办过程中，创业者还需要考虑伦理问题，主要包括创业者与原雇主之间、创业团队之间及企业和利益相关者之间的伦理问题。

1. 创业者和原雇主之间

如果是辞职出来创业，创业者需要处理好和原雇主之间的伦理关系，遵循保密协议的规定，最好选择不在完全相同的业务上和原雇主进行竞争，而是在创新的基础上有所突出。

这样一方面可以使企业具有独特的竞争优势，也有利于填补市场空缺，更好地满足消费者的需求。段先生离开中山霸王电子工业公司之后并没有继续做游戏机，而是创办了步步高电子有限公司，生产无绳电话、VCD、教育电子产品等，并取得了很好的经济效益。

2. 创业者和团队成员之间的伦理问题

如果是团队创业，核心创业者还应该处理好和其他团队成员之间的伦理问题，通过建立合理的股权结构、设计科学的激励方案，创业者可使创业团队团结一心，共同将创业事业进行到底。

3. 创业企业和利益相关者之间的伦理问题

创业者和利益相关者之间进行合作时，应坚持互利共赢的原则。为此创业者要做到及时足额偿还相应款项，保证供应商和债权人的利益；生产高质量的产品，满足消费者需求；尽可能为所在社区做一些力所能及的事情，如提供合适的就业岗位、保持环境清洁等；为员工提供好的工作条件和合适的劳动报酬；做守法的好公民和法人，按时纳税、守法经营等。如创办美菜网的刘先生，通过建立农业市场的信息流和供应链条，在供给端解决了农民要赶早市卖食材，还要担心由于运输困难、售卖渠道单一、天气原因等而导致的价格压榨及农作物囤积无法售出的问题，提高了农民的收入；在需求端，通过改变餐馆的采购模式，一方面降低了中小餐馆的采购成本，另一方面保证了菜品的质量；在经营上，通过招募社会车辆和司机，让并非美菜网旗下员工的他们持有公司股票，使得多方受益。刘先生很好地解决了利益相关者之间的伦理问题。

五、新企业的社会认同

新企业成立之初，创业者需要取得包括消费者、供应商和投资者等在内的利益相关者对其产品/服务或商业模式，乃至企业组织自身的理解和认识，即获得社会认同。因此，创业者需要做到以下几点。

第一，建立合理的制度规范。新企业能否取得创业成功，不仅仅取决于创业者对于创业机会的把握，还取决于创业活动在多大程度上符合现有制度规范的要求，或是其建立的新的制度规范的合理程度。合理的制度规范可以帮助企业获得利益相关者、一般公众和社会整体的认可和接受。

第二，遵循相应的道德法则。为了使新企业健康发展，创业者应该制定专门的原则，帮助其在企业成长过程中采取正确的步骤，如雇佣合适的人员，建立相应的管理和考核标准。创业者应严格遵守道德法则，并将自己融入企业之中，建立和雇员的融洽关系。

第三，承担必要的社会责任。创业者可通过制度的实施，体现企业的竞争战略，把社会责任融入企业文化建设中，并把社会责任的理念付诸行动，使企业在决策时考虑到环境和社会因素，承担相应的社会责任。

良好的社会认同是企业可持续发展的保障，有利于新企业对社会经济的可持续发展负责。

案例

徐州 90 后大学生创业成功后不忘回馈社会

创业仅两年，90 后大学生小刘的徐州云香米线店和徐州中正电子科技公司已经实现了超过 50 万元的营业额。创业成功的她不忘回馈社会，支持大学生创业。

说起创业经历，小刘还真有一段不为人知的故事。

2013 年，21 岁的小刘从北京某大学毕业后，曾在徐州一家商贸公司上班。后来，一心想创业的她辞掉工作，以大学生创业的名义，在徐州淮海文化科技产业园大学生创业园申请了两间免费办公室，并注册了徐州中正电子科技有限公司。

一年下来，她所拥有的两个微信公众号的关注量均突破了 7 万。关注量多了，广告收入也多了，仅此一项，每月的收入就在 2 万元以上。经过艰苦创业，小刘掘取了人生第一桶金。成功所带来的喜悦并没有让小刘感到满足，她开始筹划新的目标。几个月前，她和一个拥有调制米线秘方的朋友合伙，在云龙山北门东 50 米路南侧，开了家名叫云香的米线店。

她的米线店除销售卤鸡爪、鸡翅、猪蹄、牛肉外，还出售徐州人爱吃的把子肉。米线店装修风格新颖，店内服务员态度热情，店里干净卫生。因此吸引了大量食客。一传十，十传百……大家都说她家的米线好吃。

现如今，小刘在徐州米线行业内已小有名气，不少人想加盟，但都被她婉言拒绝，因为她想将这个机会留给那些想要创业的大学生。

"现在，有的大学生创业时，也将目标锁定在餐饮行业，但由于加盟费太高等原因，只好打消了这个念头。"小刘还说，凡是打算开米线店的大学生，只要主动找上门来，她都会对其进行技术指导，且不收取任何费用。

除此之外，为了扶持贫困大学生创业，她还设置了大学生创业基金，以此来资助贫困大学生创业。为了解决资金问题，她每销售一碗米线，将拿出 2 元钱存入大学生创业基金。

经过几个月的积攒，基金里已有了 3 万多元。"凡是符合条件的大学生，均可向我公司提出申请。审核通过后，以现金形式发放。整个过程公开、透明，并邀请社会各界知名人士监督。"小刘说。

她的做法招来了不少闲言碎语，有人说她傻，还有人说不知她图个啥。小刘倒不这样认为，她觉得自己之所以能够成功，离不开政府和社会各界的帮助。"当初我陷入困境的时候，若得不到帮助，很难渡过难关。现在条件好了，理所当然应该回馈社会。"

中国矿业大学的张教授说，目前，政府对大学生创业的扶持力度很大，有利于大学生创业。小刘创业成功后不忘回馈社会，说明她怀有一颗感恩之心，值得大家学习。同时，她的创业故事能够给其他大学生创业者带来一定的启发，鼓励他们用感恩之心坚持走成功之路。

思考题

1. 小刘的米线店是如何赢得大量顾客的？
2. 小刘的企业在获得社会认同方面做了哪些工作？
3. 该案例对你有何启示？

思考题

1. 合伙企业的具体种类有哪些？
2. 大学生可以设立哪些公司制企业？
3. 不同企业形式的优缺点有哪些？
4. 注册和经营企业需要考虑哪些法律问题？
5. 新企业获得社会认同的方法有哪些？

实践训练

小组名称			
姓　名		学　号	
任务名称	新办企业		
任务描述	根据创业项目的实际情况，为公司设计名称、并选择市场主体		
任务分工			
过程记录	1. 拟选择的市场主体类型：个体工商户□　个人独资企业□　合伙企业□　农民专业合作社□　有限责任公司□ 2. 为公司起名字：一要多准备、二要寓意好、三要明确公司业务（5个名字）		
反　思			
增值评价			

学习笔记

姓　名：	学　号：
本节名称：	

▶ 第二节　新企业生存管理

企业创办之后，往往会有一段不盈利的时间，这个时间一般被称为营运前期，即实现盈亏平衡之前的时期。本章中提到的新企业即指处于这个时期的企业。此时企业的不确定性较大，面临风险较高，创业者的人格魅力相较于管理制度更加重要。此时的管理重点和管理方法等经常和企业高速发展时期不同，创业者需要特别注意。

一、新企业管理的特殊性

企业在创办初期，往往以生存管理为基础，以销售目标为导向，内部积累为主要资金来源，以群体管理为基本特征，以"人治"为典型的管理模式。

(一)以生存管理为基础

企业创办是一个从无到有、从 0 到 1 的过程。在这个过程中，一切都具有很大的不确定性，企业随时会面临破产清算的风险。因此，如何生存下来便是每一个创业者要思考的问题。为此，企业应尽量做到以收抵支、及时偿债，以产品或服务销售取得的现金抵补日常的经营支出，并且及时偿还到期债务。

(二)以销售目标为导向

新企业要在市场上立足，就需要尽快得到客户的认可，将提供的产品或服务销售出去。因此，创业初期，企业经常是以销售为导向，将产品销售作为企业的首要目标，以扩大市场占有率为核心。为此，包括所有者在内的多数人都要出去销售产品或服务，通过各种人际关系及宣传来争取客户，从而取得第一桶金，为未来的发展打基础。

(三)以经营积累为主要资金来源

创业初期较高的不确定性带来的高风险，和企业缺乏相应可抵押资产的状况，使得创业企业从外界取得债权资金比较困难；另外，初创企业的估值与既有企业相比难度较大，缺乏可资参考的经营信息和投资报酬率的参考，因此也难以取得外部的股权融资。创业企业只能依靠企业自身创造现金流，靠产品或服务的销售产生现金流入。有获利的企业，也往往不会进行利润分配，而是将其大部分留存下来作为经营资金的补充。

(四)以群体管理为基本特征

创业初期，创业团队虽然会有内部分工，但由于人少事儿多，往往会使企业的工作开展难以严格按照分工执行。一人往往身兼数职，哪里有需要就到哪里去。大家在分工的基础上更强调合作，企业更多依靠员工的热情和团队精神完成任务。为此，创业者应充分认识员工之间在知识、信息、资源和能力等方面的互补性，结合各成员最擅长的领域进行分工，充分发挥每一位员工的优势，强化员工之间的彼此合作。

（五）以"人治"为典型的管理模式

创业初期，创业者会深入到企业的每个角落，参与到企业运行的每个环节。例如，创业者常常会亲自与供应商谈判，亲自到车间追踪客户的紧急订单，亲自向消费者推销产品或服务，亲自装车、送货，亲自跑银行、办理税务事宜，亲自制定工作计划和激励方案，亲自策划新产品销售策略，甚至亲自面对经销商的欺骗和消费者的投诉。但也正因为如此，创业者会对企业的经营状态和经营过程有全方位的了解，在业务上越来越精通。此时，创业者的个人能力和人格魅力是激发员工主动性和创造性的利器。企业的运行和秩序维护主要靠创业者自身的特质，企业管理呈现出典型的"人治"模式。因此，创业者应不断强化其自身的业务能力、领导魅力和管理能力，尽早形成创业团队的目标共识，建立顺畅的内部沟通机制和协调机制，为企业可持续发展打好制度基础。

✎ 小测试

1. 新企业管理为什么要以生存管理为基础，以销售目标为导向？
2. 新企业管理为何以群体管理为基本特征，以"人治"为典型的管理模式？
3. 企业初创期可否大量从外部借款？为什么？

二、新企业成长的驱动因素

创业企业要在日后获得快速成长，就需要在初创期充分了解影响企业快速成长的因素，事先做好准备。一般来说，影响新企业成长的因素既有内部因素，也有外部因素。

（一）影响新企业成长的内部因素

影响新企业成长的内部因素包括创业者的特质和能力，创业团队的愿景和股权设计，创业资源的配置与积累。

1. 创业者的特质和能力

创业者的高成长欲望，永不服输的工作激情和勇于挑战的特质等都会驱动企业快速成长。高成长的欲望会使创业者在企业有盈利时，将大部分的利润留存，为企业发展提供持续的资金支持；永不服输的工作激情，则会使创业者在遇到困难时，想方设法去解决，不半途而废，可以使企业不断前进；勇于挑战的特质则会在企业面临的外部环境发生变化时，进行积极主动地应对，从关注机会的角度采取行动，使企业走向正轨。

创业者识别和把握机会的能力、管理和配置资源的能力，会帮助其更好辨别企业发展的方向，管理企业发展过程中出现的新情况，将资源从效率低的领域转到效率高的领域之中，产生更多的经济效益，让企业具有创新优势，赢得快速成长的机会。

幸运的是，创业者特质可以通过自我管理和训练获得。所以，有志于成为创业者的人可以尽早参加训练，进行自我管理，培养自己的企业家特质；同时通过学习和实践，掌握和提高创业能力。

2. 创业团队的愿景和股权设置

愿景是对企业前景和发展方向的一种高度概括，反映了企业的价值观和渴望。当一个团队拥有共同的愿景时，团队内部的所有人才能得到有效的培育与鼓舞，团队成员的个人潜能才会被彻底激发，企业才能够在日后得以快速成长。因此，创业者应调动团队的每位成员参与构思和制订愿景，并通过制订愿景的过程，使愿景更有价值，从而激发组织的活力，使企业更有竞争力。

合理的股权设置对于一个企业的健康成长和快速发展具有非常重要的作用。合理的股权结构可以充分调动团队成员的积极性和创造性，使其将企业发展与个人的发展同等看待，并在遇到矛盾时能够以团队的利益为重，在利润分配时更多考虑企业长远发展的资金需求，为企业快速成长提供内部资源支持。因此，创业者应设置合理的股权结构和利益分配机制，为企业的快速成长打下制度基础。

此外，创业团队的专业水平和组织方式也会对企业成长有很大的影响。团队成员应努力提高在营销、管理、技术等方面的专业素质和能力，建立合适的运作机制和治理结构，提高新企业成长的实践能力，激发团队成员的工作热情。

2014年，芬尼克兹创始人宗毅首创的裂变式创业模式引发关注。他在公司内部搞创业大赛，有野心、有能力的员工都可参赛。高管用钱投票，让获胜员工做新公司的股东，做总经理带团队。通过裂变式创业，芬尼克兹在短时间内便孵化出了7家新公司，并且每家都盈利。宗毅这种通过合理的股权设计将员工和高管变成合伙人的裂变式创业方式，不仅使企业获得了快速成长，而且也广为商界人士称道。

3. 创业资源的配置与积累

科学的资源配置方式能够使资源不断从效益低的领域转到效益高的领域，提升企业的经济效益。企业创办起来以后，创业者就应该将重点适时地从资源获取向资源利用过渡，更好地将筹办期间筹集到的各种资源进行充分合理的利用，通过调整资源的配置方式，使其发挥更高的效益。为此，创业者要具备较强的创新能力，能够以创新的眼光，从不同角度分析资源，按照最有利企业成长的方式配置资源。

适当的资源积累有利于企业从内部筹集发展所需的资源支持，尤其是人力资源和技术资源的积累，一方面会有利于提高团队成员和员工的信心，使其看到未来发展的希望，另一方面有利于提升企业的核心竞争力，使企业具有外界难以模仿的专业技术。所以，创业者应结合企业的股权设计，制定合理的利润分配机制，在满足团队成员现实利益诉求的同时，适当积累资源。

(二)影响新企业成长的外部因素

影响新企业成长的外部因素主要是产业和技术发展，以及细分市场的变化。

1. 产业和技术发展

产业发展周期会在一定程度上影响创业项目的增长速度。处于成长期的产业会有一个增长红利，能使处于其中的企业坐享行业成长的成果，再加上企业自身的增长速度，企业的快速发展自然不出所料。然而，如果不幸地选择了一个处于成熟期或者导入期的产业，或者国家不支持甚至调整结构的产业，要获得高速成长，创业者或团队就要具有非凡的能力。这几年的白酒行业和高档餐饮行业面临很大的发展瓶颈，但是，文化艺术产业和智能制造领域是国家未来经济发展的支撑产业。因此，创业之前，创业者一定要研究国家的产业政策，尽量在国家重点支持的行业中选择创业项目，这样不但可以得到相应的税费减免，还会得到更多关键资源，比如资金支持、科研项目支持、基础设施的配套支持等。

技术的发展对于创业企业的成长也非常关键，当创业企业需要的配套技术能够快速完善和成熟时，企业的产品或服务的质量就能持续提高，也更容易升级换代，进一步满足消费者的需求。相反，如果外部的技术发展缓慢，则可能会使得企业原本不错的产品的推广受到很大局限。如生产世界上第一台平板电脑的台湾宏基（Acer），早在 2002 年就推出了 TravelMate C100，但 2002 年还没有 itunes 或 AppStore 这样的软件服务能让平板电脑的功能更丰富。因此，对于一般的使用者而言，这样的商品只是附加了手写输入功能的笔记本电脑。2002 年，3G 网络服务才刚刚开始萌芽，无线网络有限的频宽让消费者对于移动上网的需求迟迟无法提升。2002 年的科技产业也没有目前的生产技术，TravelMate C100 的售价高达 69 900 元新台币，比当时一般笔记本电脑贵近 50%，是现在 iPad 2 的 3 倍多；重量为 1.4 千克，是 iPad2 的 2.3 倍。所以，在企业自身条件、市场环境、产业环境与消费者的习惯都还来不及跟得上平板电脑这样的概念的时候，商品也就只能消逝在历史当中了。①

2. 细分市场的变化

当细分市场向着有利于企业的方向发展时，企业就可以借助外力取得成长。市场的发展速度越快，越有利于企业的高速成长。20 世纪 90 年代末，中国茶饮料市场呈井喷式发展，旭日升集团茶饮料的销量从 1995 年的 5 000 万元快速上升到 1996 年的 5 亿元，进而上升到 1998 年的 30 亿元。当然，市场快速发展也会带来强大竞争对手的进入，随着康师傅、统一等国际品牌大举进入茶饮料市场，旭日升集团未能避免被并购的命运。因此，即便是市场快速发展的时候，创业者也要做好充分准备以应对竞争。

产业、技术的发展，细分市场的变化等外部影响因素是创业者无法控制的，但是，创业者却可以对其进行预测，并且按照未来可能的变化方向做出应对，一方面享受外部环境带来的有利变化，另一方面尽力减少不利的外部环境带给企业的冲击。

---

① 王伯达．预见未来：思考力时代与全球五大浪潮[M]．长沙：湖南科技出版社，2013.

三、新企业管理的技巧和策略

了解新企业管理的技巧和策略，有利于新企业在激烈竞争的环境中得以生存，实现快速成长。一般来说，新企业的管理技巧和策略包括注重整合外部资源追求外部成长，管理好保持企业持续成长的人力资本，及时实现从创造资源到管好、用好资源的转变，形成比较固定的企业价值观和文化氛围，注重用成长的方式解决成长过程中出现的问题，从过分追求速度转到突出企业的价值增加等。

（一）注重整合外部资源追求外部成长

企业成长需要依靠资源的支持，资源的来源渠道可以分为内部和外部。对于新企业来说，由于内部能够产生的资源有限，往往会对企业的发展起到抑制的作用，影响企业的成长速度，在竞争对手发展较快的情况下，使企业处于不利地位。充分利用外部资源，可以使企业将内外部资源进行很好的整合和匹配，能够为企业快速发展筹集到相应资源，保障企业的增长速度和竞争优势。

按照企业之间整合资源的方式不同，可以把资源整合分为三种形式：纵向整合、横向整合和平台式整合。

1. 纵向整合

纵向整合是处于一条价值链上的两个或者多个厂商联合在一起结成利益共同体，致力于整合产业价值链资源，创造更大的价值。例如，大学生创办的高科技企业，一开始可能会采用 OEM 的模式，通过代工方式完成相应产品的生产过程，创业团队只负责研发、销售和售后服务。但是，随着企业规模的扩大，创业者管理能力的提高，为了更好满足消费者的需求，了解消费者的体验，就可以纵向整合原来的代工企业，使研发和生产更好地对接，不断提高产品质量。在重型卡车柴油发动机市场已做到国内第一的潍柴动力通过兼并收购，向上游整合进了变速箱、车桥业务，向下游整合了重型卡车、装载机、大客车整车制造业务，成为一家在整个重型车辆产业链上都有布局的公司，从而形成强大竞争力。

2. 横向整合

横向整合是把目光集中在价值链中的某一个环节，探讨利用哪些资源，怎样组合这些资源，才能最有效地组成这个环节，提高该环节的效用和价值。横向整合是一种快速扩张和扩大市场占有率的较好方法。北大硕士毕业生王先生 2015 年初在上海创办米有沙拉之后，不仅第一个提出了"主食沙拉"这一概念，弥补了中国市场的空白，而且成功地受到了市场的认可。截至 2015 年年底，米有沙拉在上海已经拥有 10 家店，在全国拥有近 20 家店，计划中将要开的新店还有 10 余家。米有沙拉就是通过横向整合的方式迅速扩大了市场份额。2005 年 2 月至 9 月，框架传媒通过横向并购的方式，兼并了国内电梯平面广告市场的 8 家主要竞争对手，将市场占有率迅速提高到 90%，此后以 1.83 亿美元被分众传媒收购。

3. 平台式整合

平台式资源整合是将企业作为一个平台,在此基础上整合供应方、需求方甚至第三方的资源,同时增加双方的收益或者降低双方的交易成本,自身也因此获利。

因此,创业者应采用最有利于企业发展的方式,通过整合获取外部资源,帮助企业获得快速健康的发展。

(二)管理好保持企业持续成长的人力资本

知识经济的背景下,人力资本在企业中的重要性日益突出。现代企业之间的竞争就是人才的竞争。初创期的企业如此,成长期的企业更是如此。不论是团队的完善,还是员工的招聘,乃至企业的人力资本积累在企业发展中都有着非常重要的意义。由此,创业者一方面应通过合理的股权设置和股权激励来维系创业团队的成员,另一方面应设计合理的业绩考核机制调动员工的积极性,并建立合理的上升通道,使员工可以不但在工作上,而且可以在职位上和企业一起成长,保持企业人力资本的稳定性。同时企业经营者最好能够通过创新的方式,激励企业所有成员根据企业愿景和发展规划,确定自己的奋斗目标,和企业共进退。

(三)及时实现从筹集资源到管好用好资源的转变

创业初期,企业资源非常紧缺,需要筹集大量资源。但企业经过一段时间的经营活动之后,初期发展所需要的资源已经基本到位。这时候企业管理的重心就要及时从筹集资源向使用资源转变。创业者应通过各种渠道创新性地开发和利用资源,在经营中树立创造资源、管理资源和利用资源并重的管理理念和经营思想,建立企业的资源管理制度和资源利用监督机制,加强对企业各种资源的利用和管理,充分发挥各种资源的价值,将有限资源的效用发挥到极致。

(四)形成比较固定的企业价值观和文化氛围

企业价值观是企业文化的核心,是企业决策者对企业性质、目标、经营方式的取向所作出的选择,是为员工所接受的共同观念。企业价值观会对企业及员工的行为起到导向和规范作用,能产生凝聚力,激励员工释放潜能,是企业精神的灵魂,代表着企业存在的理由。因此,创业者应树立统一的价值观,同时通过健全配套机制来塑造企业精神,有意识地培育积极向上的价值观。

企业文化氛围是笼罩在企业整体环境中,体现企业所推崇的特定传统、习惯及行为方式的精神格调。企业文化氛围是无形的,以其潜在运动形态使企业全体成员受到感染,体验到企业的整体精神追求,从而产生思想升华和自觉意愿。因此,创业者应在积极创造物质氛围和制度氛围的基础上,把创造良好的企业文化氛围作为重点,创造良好的学习环境,鼓励企业成员求知上进,使企业内形成浓厚的学习气氛,建立学习型组织。

随着企业的快速成长,企业的组织结构和员工构成等会发生较大变化,日常管理会变得日益复杂，创业者需要及时采取措施培育有利于形成企业凝聚力的价值观，打造良好的文化氛围。

(五)注重用成长的方式解决成长过程中出现的问题

企业在成长过程中会出现很多初创时无法预料的问题，这正是创业最吸引人的地方，也是企业面临的最大风险。当新的问题出现时，创业者应积极应对，注重变革和创新，运用发展的眼光来看待问题，用成长的方式解决问题，并做到以下几点。

1.善于把握变革的切入点主动变革

进行企业变革需要科学地把握切入点，由点到面，层层深入，这不仅可以在短期内取得较好的效果，也能够增加对变革的可控性。主动变革意味着创业管理团队掌握变革的主动性和主导权，这样面临的变革阻力较小。

2.重视人力资源开发

人力资源管理是任何一个初创企业都要高度重视的发展策略。

3.注重系统建设

科学的管理系统有利于日常工作有条不紊的开展，能使各个部门按照日常分工高效开展工作，是保证企业未来高速增长的动力系统。创业者应尽早开始系统建设工作，使企业早日步入快速发展的轨道。

(六)从过分追求速度转到突出企业的价值增加

创业初期，企业的重点往往放在快速扩大市场份额，增加销售收入上。但是，随着企业的各项工作慢慢步入正轨，创业者应将关注的重点转移到客户价值上。创业者通过不断创新，持续满足消费者的多元化需求，为客户创造更多价值，在客户价值提升的基础上，使企业价值得以增加。

四、新企业风险的控制和化解

企业创办初期的不确定性较高，风险较大，处理不好会导致创业失败。新企业面临的典型风险主要有经营风险、财务风险、人力资源风险、市场风险等。

(一)经营风险

经营风险是企业的生产经营过程中，供、产、销各个环节不确定性因素的影响所带来的企业收益的不确定性。创业初期，由于各个环节的不确定性都较高，企业的经营风险就会更大。而且，企业的固定经营性成本越高，销售收入变动带来的利润的变动也就越大，经营风险就会更高。为此，创业初期，创业者应尽可能降低固定资产在全部资产中的比重，采取轻资产战略，合理控制经营风险。西安蓝晶生物科技有限公司就是通过与西安多个高校联合建立实验室，使用高校实验室的仪器资源来共同从事科研开发，既节省了研发成本，又有利于新产品更快更好地推出。而且利用高校实验室也大大降低了企业的固定经营成本，使企业可以轻资产运营，降低了经营风险，为蓝晶生物带来了企业高速健康发展的机遇。[①]

(二)财务风险

财务风险是指公司财务结构不合理、融资不当使公司可能丧失偿债能力而导致投资者预期收益下降的风险。企业只要有负债筹资，财务风险就不可避免。财务风险的发生不但会带来财务拮据，严重时还会使企业面临破产清算。所以，创业者应合理规划财务结构，安排好不同渠道的资金来源及其比重，在获取财务杠杆利益的同时，将财务风险控制在可接受的范围之内。

e洗车倒闭的原因除了用户的消费习惯没有培养起来，同时遭遇资本寒冬之外，最大的原因在于其盲目烧钱，2个月就花掉2000万美元。在业务无法大量扩展的情况下，公司又因资金紧张，无法按合同约定跟商家结算，遭遇商户大量投诉。大连微晒电商集团董事长张先生在创业初期做网站运营项目时，也由于资金不足，很快就走向破产的边缘。著名闪购网站FAB曾经只用2年多的时间便跻身独角兽公司，但却在烧完3亿美元(20亿人民币)后轰然倒塌，使投资者血本无归。这些事例都给创业者敲响了警钟。创业者一定要做好自己的产品，找到自己的盈利模式，管好企业的现金流，避免致命的财务风险的发生。

(三)人力资源风险

人力资源风险是指由于人的因素对创业活动的开展产生不良影响或偏离经营目标的潜在可能性。创业者自身的素质和能力有限，创业团队成员的知识和技能水平不匹配，管理过程中用人不当，关键员工离职等因素是人力资源风险发生的主要诱因。因此，创业者要从自身做起，不断学习，提高素质，团结团队成员，并通过合理激励机制将员工凝聚在一起。

(四)市场风险

市场风险是指由于市场情况的不确定性导致创业者或创业企业损失的可能性。市场风险包括产品市场风险和资本市场风险两大类。市场供给和需求的变化、市场接受时间的不确定、市场价格变化、市场战略失误等原因会给创业活动带来一定的市场风险。为避免市场风险发生，创业者就应该随时关注市场变化，主动变革，制定合理的市场战略。

小测试

1. 产业和技术变化是如何影响新企业成长的？
2. 新企业应如何整合外部资源？
3. 你了解哪些新企业管理的技巧和策略？

---

① 王艳茹，王兵．创业基础课堂操作示范[M]．北京：北京师范大学出版社，2014：205.

✍ **案例**

连续创业的因素与可能

小杨是一名会计学专业的学生。2003 年，在大学学习期间，他就从家里借了 5 万元，和两个朋友合资 10 万元，创办了北京安平融信会计服务有限公司。

谈及以会计公司起家的原因，小杨兴奋地说："首先，是自己内心的一股劲头，是一种不服输的斗志和怀揣梦想的信念；其次，是想利用自己所学的专业知识，发挥自己的专长。"其实，现实是非常残酷的。由于缺乏创业所必需的知识和经验，创业准备不充分，再加上他不太懂企业经营的规则，公司刚开业就举步维艰，第一个月没有任何收入。"在创业过程中遇到的最大困难就是因为自己太年轻了，客户不信任。"小杨说，"虽然自己理论学得比较扎实，但业务能力明显不足，这是创业过程中的一大难题。"但是，他并没有因公司的惨淡状况而失去斗志，而是用实际行动有针对性地解决公司面临的问题。

客户不信任，他就用更加专业而周到的服务去打动他们，或者让公司里社会经验较丰富的员工出面与客户沟通；公司规模小，缺乏激励机制，员工流动频繁，他就自己先去全面熟悉公司所有部门的业务，并通过机制建设让新人能够快速熟悉业务，同时用自己的执着尽最大努力向员工传递通过不断拼搏才能获取成功的信念；工作经验不足，他就想方设法从各个方面努力，去拜访同行，去请教专家。经过半年多的努力，到 2003 年年底，小杨的公司已经有了明显改观，员工增加了 4 个，客户也增加到近 60 家。

随着业务量的扩大，为了公司更好地发展，小杨只好做出休学 1 年的决定。这一年，小杨开始全身心地投入到公司的经营中来。在开展业务的同时，他亲自研究行政管理、服务细则、绩效考核、员工激励等方方面面的业务，建立了一套完善的管理机制，使公司快速步入了正常的运营轨道。

✍ **思考题**

1. 安平融信会计公司的初期管理是怎样的？
2. 公司是如何获得快速发展的？

实践训练

小组名称			
姓　名		学　号	
任务名称	公司章程或合伙协议制定		
任务描述	根据创业项目的实际情况，从公司未来发展角度出发，尝试拟定出自己公司章程或合伙协议。		
任务分工			
过程记录	公司章程或合伙协议(可另附页)：		
反　思			
增值评价			

学习笔记

姓　名：	学　号：
本节名称：	